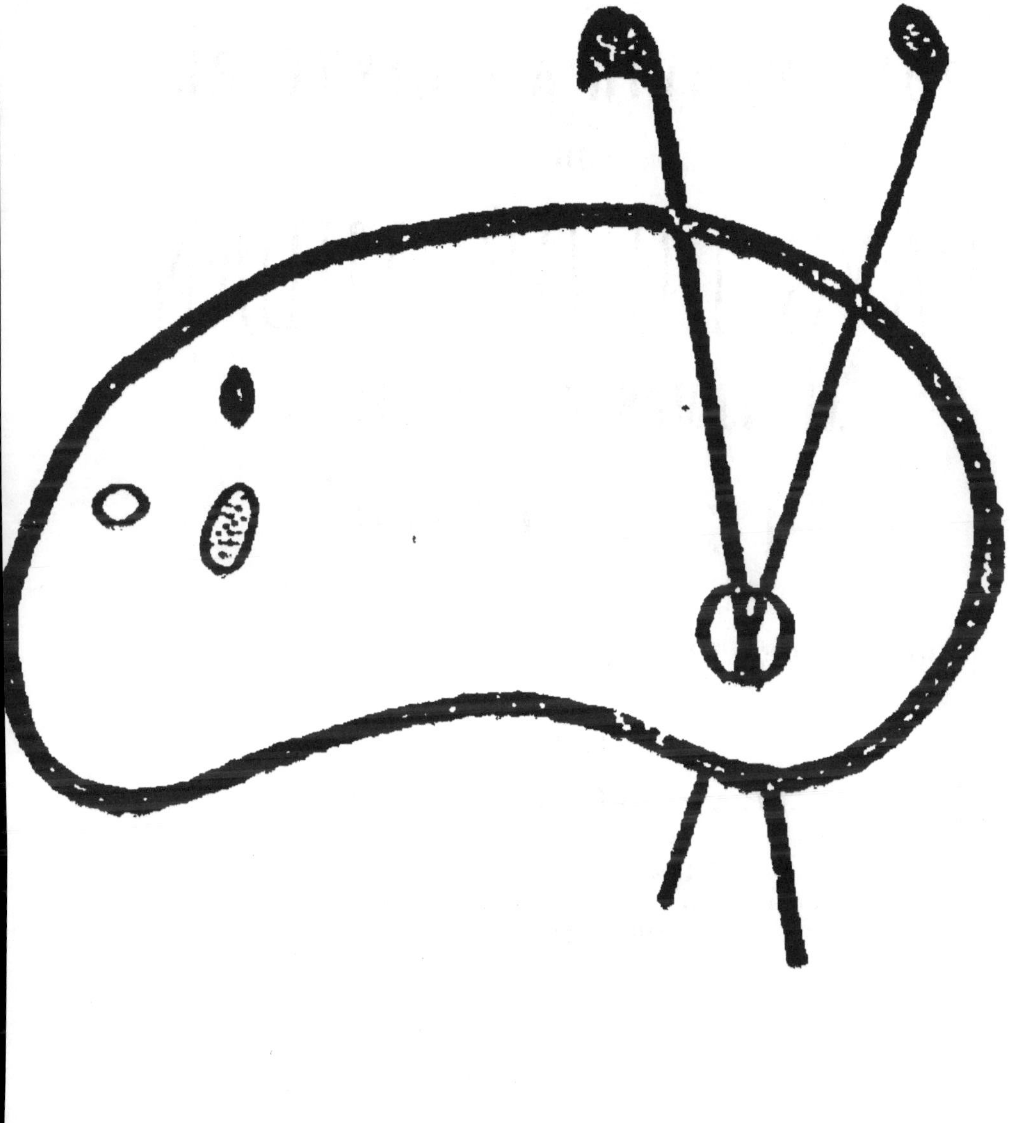

**COUVERTURE SUPERIEURE ET INFERIEURE
EN COULEUR**

DOCUMENTS
POUR SERVIR A L'HISTOIRE
DU
PAYS DE GÉVAUDAN
AU TEMPS DE LA LIGUE

1585-1595

PUBLIÉS AVEC UNE INTRODUCTION ET DES NOTES

PAR

JEAN ROUCAUTE

Professeur licencié d'Histoire
Diplômé de hautes études
Membre titulaire de la Société Académique
du Département de la Lozère

PARIS
A. PICARD, ÉDITEUR
Libraire des Archives nationales et de la Société de l'École des Chartes
82, RUE BONAPARTE, 82.

1894

*A Messieurs les Membres du Comité d[es]
Travaux historiques
hommage respectueux.

J. Bonnauté(?)
Prof. d'histoire
Collège Henri IV — Béziers*

DOCUMENTS
POUR SERVIR A
L'HISTOIRE DU PAYS DE GÉVAUDAN
AU TEMPS DE LA LIGUE
1585-1595

DU MÊME AUTEUR :

Un portrait inédit de Louis XIV, par Antoine l'Aîné, garçon ordinaire de la Chambre du Roi, transcrit sur le manuscrit de la Bibliothèque de St-Germain-en-Laye, publié avec une introduction et des notes. Broch. in-8°, 32 pages, papier Hollande. — Montpellier, Firmin et Montane, édit. 1890.

Lettres inédites de Montmorency-Damville, publiées avec une introduction et des notes. — Montpellier, Hamelin, édit. 1891.

Pour paraître prochainement : J. ROUCAUTE et M. SACHÉ. *Actes de Philippe le Bel relatifs au Gévaudan.*

DOCUMENTS
POUR SERVIR A L'HISTOIRE
DU
PAYS DE GÉVAUDAN
AU TEMPS DE LA LIGUE

1585-1595

PUBLIÉS AVEC UNE INTRODUCTION ET DES NOTES

PAR

JEAN ROUCAUTE

Professeur licencié d'Histoire
Diplômé des hautes études
Membre titulaire de la Société Académique
du département de la Lozère

PARIS
A. PICARD, ÉDITEUR
Libraire des Archives nationales et de la Société de l'École des Chartes
82, RUE BONAPARTE, 82.

1894

INTRODUCTION

Cette publication de Documents annonce et prépare une Étude sur la dernière période de l'histoire des Guerres de Religion en Gévaudan (1585-1595), où nous essayerons de nettement dégager de la multiplicité des faits la personnalité historique de ce Pays.

Quelques-unes de ces pièces ont déjà paru dans les Documents sur les Guerres de Religion en Gévaudan (1), *les Procès-verbaux des États* (2), *et les Cahiers de doléances du diocèse de Mende* (3), *publiés par M. F. André, ancien archiviste du département de la Lozère, sous le patronage du Conseil général et de la Société académique. Toutefois, se conformant au vote de cette Société* (4) *M. André ne les a pas annotées ; aussi avons-nous comblé cette lacune pour les emprunts faits à ses multiples travaux. Nous avons d'ailleurs très rarement transcrit en leur entier les Documents déjà connus,*

---

(1) Consulter les tomes III et IV. — Mende, 1887 et 1888.
(2) Consulter le tome I. — Mende, 1875.
(3) Bull. Soc. — Mende, 1875, pp. 47 à 200.
(4) « Introduction à la publication des *Documents relatifs à l'histoire du Gévaudan*, par le Comité de Rédaction. (Bulletin de la Société d'agriculture, Sciences et Arts de la Lozère, année 1875, pp. 47 et 48.

nous contentant de quelques extraits nécessaires au commentaire des textes inédits.

Ces derniers sont de beaucoup les plus nombreux. Ils appartiennent, pour la plupart, aux Séries G (1) C (2) et E (3), les plus importantes des Archives du département de la Lozère.

1° A la Série G, nous devons presque tous les documents relatifs au Procès suscité par la création récente de la Sénéchaussée de Gévaudan (1583). Ce grave Procès, ignoré jusqu'ici, éclaire d'un jour nouveau cette période confuse de l'histoire du pays; car il a fortement accentué, en lui donnant un objet précis, l'opposition du prudent Evêque royaliste, Adam de Hurtelou, et du Sénéchal et Gouverneur, affilié aux Guises, le rude baron de Saint-Vidal. Ces pièces méritent d'ailleurs d'être étudiées de très près pour ce qui touche à l'organisation judiciaire et administrative du Gévaudan au XVIe siècle.

2° A la Série C, nous avons emprunté des extraits de procès-verbaux des États et des Assemblées de l'Assiette, des comptes des Receveurs du diocèse, etc. tous documents nécessaires à la connaissance de la situation politique, administrative et économique de ce Pays.

3° Bien que d'accès plus difficile (elle n'est pas encore inventoriée), la Série E nous a cependant fourni quelques documents relatifs aux Ligueurs

---

(1) Archives ecclésiastiques. Inventaire, t. I et II (1882-1890).
(2) Archives civiles. Inventaire, 1 vol. (1876).
(3) Papiers de famille, (Série non inventoriée).

Gévaudanais et à leurs chefs, les de St-Vidal et les d'Apcher.

De minutieuses recherches de pièces éparses aux Archives de la ville de Mende (1) et du Parlement de Toulouse (2), à la Bibliothèque nationale (3), etc. nous ont permis de compléter cette publication par l'adjonction de plusieurs textes inédits d'un réel intérêt (l'Edit de création de la Sénéchaussée de Mende (4), la lettre d'Adam de Heurtelou assurant le Roi Henri IV de sa fidélité, etc. (5).

Nous nous sommes moins préoccupé de publier beaucoup de pièces d'archives, que de choisir celles qui sont de nature à jeter quelques clartés sur une intéressante période de l'histoire presque inconnue du Gévaudan.

Qu'il nous soit permis de rappeler que M. F. André nous a lui-même initié aux richesses des Archives lozériennes ; il ne nous a ménagé ni les bienveillants conseils, ni les savantes directions. Nous avons eu la bonne fortune de trouver en la personne de son successeur, notre excellent ami, M. Saché, ancien élève de l'école des Chartes, un aimable érudit dont nous avons maintes fois mis à l'épreuve la science paléographique. Ils ne sauraient douter, ni l'un ni l'autre, de notre profonde gratitude.

Mende, le 15 octobre 1891.

J. ROUCAUTE.

---

(1) Inventaire, 1885.
(2) Arch. de la H^{te} Garonne, Série B. Parlement. Edits. Registre 11.
(3) Fonds Dupuy.
(4) Voir, plus loin, p. 3.
(5) Voir, plus loin, p. 179.

Lettre du Cardinal d'Armagnac (1) a MM. tenant les États du Gévaudan.

22 juin 1583.

(Archives départementales de la Lozère, Série G. 914).

Messieurs, le commun bruict est partout que quelques ungs du païs de Gévaudan, pour leur prouffict et commodité particulière, cerchent par tous moiens de faire establir un siège de Sénéchal en la ville de Mende, sans considérer le préjudice que telles nouveautés peuvent apporter non seulement au service du Roy et repos du païs, mais encore à l'honneur de Dieu ; j'estime bien aussi qu'il n'y a celluy de vous qui ne sçaiche qu'ung siège apporte coutumièrement grande fréquentation et affluence de toute sorte de personnes, qui causent bien souvent les pratiques et pertes des bonnes villes subjectes à l'envye et aux surprises, et mesmes aux temps que nous sommes, plains de tant de suspects, et si mal assurés qu'il ne fauldrait pas grand occasion pour réalumer les troubles qui semblent encore soubs la cendre chaulde des misères du peuple ennemy mortel des oppressions que produisent ordinairement ces nouvelles érections d'officiers. Ce que ayant esté très bien considéré et cogneu, les estats généraux tenus à Orléans et à Bloys (2), et les particuliers du pays de Langue-

---

(1) Gaston d'Armagnac, légat pontifical, archevêque d'Avignon
(2) 1560 et 1577.

doc ont tousiours supplié le Roy de supprimer tous les nouveaux estats et offices de ce royaulme; et d'aultant que j'ai cet honneur d'estre des plus anciens serviteurs de cette couronne, la fidélité et affection que je doibs à ce qui regarde le bien du service de Sa Majesté, l'establissement de la paix, et le soulaigement de ses subjects, joinct à ce le doubte que j'ay de quelque nouveau remuement, m'ont contrainct vous dire mon advis par ceste lettre, sçaichant que vous debvez estre assemblés le 25e de ce moys (1) pour y délibérer, et vous prier aultant affectueusement que je puis de vous arrester sur la considération de ce qui m'a semblé nécessaire vous en dire, avant que passer oultre à la dite nouvelle érection, de la poursuite de laquelle vous debvez, par mon conseil, vous despartir, pour obvier aux inconvénients, ruyne du peuple, et s'il se peult dire, subversion d'estat qui en peult naistre, lequel nous debvons tous ensemble tacher de conserver en son ancienne splendeur et authorité, comme je m'assure que votre intention est, en laquelle je vous exhorte de continuer suivant la prière que je vous en fais d'aussi bon cœur que je supplie le Créateur vous donner,

Messieurs, parfaite santé, heureuse et longue vie. d'Avignon, le 22e de juing 1583.

Votre très affectionné à vous honorer et aymer comme frère,

G., *cardinal d'Armagnac.* (2)

---

(1) Les Etats ne se réunirent que le 28.
(2) La salutation et la signature sont de la main du Cardinal.

ÉDIT DE CRÉATION DE LA SÉNÉCHAUSSÉE DE MENDE PAR HENRI III.

4 août 1583.

(Archives de la Haute-Garonne, Série B. Parlement. Edits, Registre 11ᵉ, folio 2).

(INÉDIT)

Henry, par la grâce de Dieu roy de France et de Poloigne, à toutz présans et à venir, salut.

Nous n'avons jamais rien eu en plus grande et singulière recommandation, après l'honneur de Dieu, que de pourvoir à la seureté, défense et conservation de nos subjectz, le plus soigneusement qu'il nous est possible, et de les garder de toute violance et oppression par les plus propres et convenables moyens que nous avons pu recercher, mesmes par l'administration de la justice distributive, pour laquelle les feus roys, nos très-honorés seigneurs et prédécesseurs ont créé et érigé plusieurs bailliaiges, séneschaucées (1) et autres degrés de la dite justice en certains lieux et ressorts de nostre dit royaulme, selon que la nécessité ou commodité de nos dits subjectz, fréquence et impugnité des crimes et autres bonnes considérations les y pouvoient inciter ; à l'exemple desquels, et pour ne laisser aulcune partie

---

(1) La Sénéchaussée du Puy fut créée par Henri II en 1558. « Le Velay fut ainsi distrait du siége présidial de Nimes ». Dom VAISSETTE, *Histoire du Languedoc*, édit. Privat, t. XI, p. 305.

de nostre dit royaume destituée d'ung si bon et salutaire remède, ayant esté deuement informés des grandes et notables incommodités, longueurs, despenses et préjudices que reçoivent les habitans du diocèse de Mende et pays de Gevauldan situé en nostre province de Languedoc, pour estre du ressort de la séneschaucée de Beaucaire et Nismes, tant pour la distance et danger des chemins qu'il y a pour aller au dit Nismes, esloigné de trois journées de la ville de Mende (1), bien qu'elle soit au milieu du dit pays, et de quatre journées de quelques extrémités d'icelluy, que aussi pour estre la plus part des chemins rabouteux et difficiles à cause de la situation des Cevenes par où il fault nécessairement passer, et des montaignes qui sont entre deux, lesquelles pour raison des grandes neiges et glaces sont la plus part de l'hiver inaccessibles ; aussi que le dit pays est de grande estendeue, divisé du hault et bas Gévauldan, composé de plusieurs villes, bourgs, mandemens et paroisses, et qu'il y a plusieurs jurisdictions ordinaires, tant de la Court royale de Marvejols (2) que des seigneurs justiciers du dit pays (3), et une court

---

(1) La route de Mende à Nimes, mal entretenue, passait par Florac, Saint-Jean-du-Gard, Alais.

(2) La cour royale du bailliage de Marvejols jugeait les crimes et délits commis dans la vicomté de Grèzes ou de Gévaudan, domaine royal.

(3) La principale était la cour du bailliage épiscopal de Mende, pour les terres propres de l'évêque.

commune du comté et bailliage d'icelluy (1), entre
nous et l'évesque du dit Mende, laquelle n'aurait la
force et authorité requise pour régler et policer tout
le dit pays, mesmes ès matières criminelles attendu
la grande et desbordée licence de mal faire, que de
la longueur des guerres jà introduictes et le grand
nombre des voleurs (2) que se sont retirés au dit pays
comme ung lieu de refuge et de seureté, borné et en-
vironné de plusieurs haultes montaignes et beaucoup
esloigné de nous et de nos Courts de Parlement de
Tholoze et séneschal du dit Nismes, et, par ce moyen,
propre et commode à telle sorte de gens pour n'estre
recerchés de 'eur mauvaise vye, tellement qu'à ceste
occasion nous recepvons journellement une infinité
de plainctes de meurtres, de raptz, volleries, assas-
sinatz et autres grands et exécrables crimes commis
et perpétrés au dit pays, sans qu'il en soit faicte
aucune punition ny par la voye ordinaire, ny par
celle du prévost des mareschaulx ou son lieutenant

---

(1) Cette cour fut créée en 1397 en vertu du Paréage signé
par le roi Philippe le Bel et l'évêque Guillaume-Durant II. Elle
connaissait des causes intéressant les domaines communs au
prél t et au roi.

(2) En 1589, les « personnages faysans la plus grande et
saine partie de l'estat et communaulté du Gévauldan » (c'est-à-
dire l'évêque, les commis, syndic et autres notables du pays)
se plaignirent encore à Montmorency de ces « volleries, rançonnements et ravages qui sont faicts depuis trente ans sur le
pauvre laboureur et son bétail, ... » par de véritables compa-
gnies de détrousseurs. (F. ANDRÉ. *Documents sur les guerres de
Religion en Gévaudan*, t. III. pp. 491 et 492).

au dit pays, qui n'y peult vacquer ainsin qu'il seroit bien requis, d'aultant que les prévenus des dits crimes allèguent incompétence contre luy, laquelle par nos ordonnances doibt estre jugée au plus prochain siège présidial de la province, qui est celluy du dit Nismes, auquel les dits prévenus ne pouvant estre représentés, ny les informations et procédures faictes contre [eulx] rapourtées qu'avec une extrême longueur, danger et despense insupportable aux habitans du dit pays pour raison de leur pauvreté ; à moyen de quoy nos dicts subjectz, tant d'une que d'autre religion, sont grandement travaillés, affligés, opprimés, et contraintz le plus souvent de céder à la violance des meschans, et de laisser prendre et ravir leurs biens aux plus forts, pour n'avoir sur le lieu la défense et protection de nostre justice.

Scavoir faisons qu'après avoir ce dessus considéré bien exactement en nostre Conseil d'Estat, de l'advis d'icelluy, et de nostre certaine science, pleine puissance et authorité royale, avons pour le bien, commodité et soulaigement des habitans du dit pays de Gevauldan, dict, statué et ordonné, disons, statuons et ordonnons par cestuy nostre présent édict perpétuel et irrévocable, que au dit pays de Gévauldan y aura un siège de séneschal, dont la séance sera dans la ville de Mende, capitale et au milieu d'icelluy, lequel nous y avons créé, érigé et estably, créons, érigeons et establissons, et icelluy composé et composons des officiers que s'ensuyvent, à savoir : d'ung séneschal de robe courte, d'ung juge maige qui sera aussi lieutenant général, d'ung lieutenant particulier, cinq conseillers, ung advocat et un procureur pour nous ; lesquels offices de judicature seront par nous pourveus de personnes de mérite et quallité requise, gratuitement et sans payer finance ; ung recepveur des amendes qui sera payeur des gaiges des dits officiers, ung huissier vergier, ung scelleur et ung greffier de toute la dite Séneschaucée, auxquels avons donné et attribué, donnons et attribuons la cognoissance de toutes matières, tant civiles que criminelles, et des conventions entre tous les habitants du hault et bas pays de Gévauldan, desquelles cognoissait ou pouvoit cognoistre le dit Séneschal de Beaucaire et Nismes, auparavant la présente érection, avec la pareille prééminance et authorité, et comme est accoustumé faire aux autres Séneschaucées de nostre dit pays de Languedoc, ressortissant en nostre dite court de parlement de Tholoze, et pour le regard des dites conventions, comme le juge d'icelle au dit Nismes; en laquelle notre dite court de parlement ressortiront immédiatement les appellations du dit Séneschal, sans toutefois esnerver aulcune chose de la jurisdiction du dit évesque, chapitre du dit Mende et autres ordinaires du dit pays, ny aussi de la dite court commune ; les appellations de laquelle, ensemble de la dite court royale de Marvejolz et autres ordinaires du dit pays, ressortiront pardevant icelluy séneschal, à la charge toutesfois que ès cas de l'édict du présidial, ils iront à Nismes. Et en oultre, pour les sus dites raisons et considérations, et afin que les crimes qui sont de la cognoissance du dit prévost des mareschaulx ne demeurent impunis pour la longueur, despens et dangers qu'il y auroit de les aller juger au dit Nismes, par nostre présent édict, avons aussi donné, commis et attribué, donnons, commettons et attribuons aux dits officiers de la dité Séneschaucée, pouvoir, mandement et authorité spéciale de juger la compétence et incompétence du dit prévost, en la mesme forme et manière que peuvent faire par nos dites ordonnances les officiers du dit Siège présidial de Nismes et autres présidiaulx de nostre royaulme, en observant néanmoings les formalités requises par icelles mesmes et par exprès nostre édict de pacification et conférences de Nérac et de Fleix (1), comme nous leur enjoignons de faire et de ne y contrevenir en aulcune sorte et manière que ce soit. Et à celle fin que le dit Séneschal, juge mage et autres officiers ainsi nouvellement créés ayent moyen de s'entretenir honorablement à l'exercice de leurs estatz, et occasion d'en user avec telle sincérité qu'il est requis, sans faire aucune foule à nos subjectz, nous leur avons ordonné et ordonnons, à scavoir: au dit Séneschal, cent escus; au dit juge mage, vingt-cinq escus; au lieutenant particulier et à chacun des conseillers et advocat, procureur, recepveur et payeur, seize escus deux tiers, et au dit huissier vergier cinq escus de gaiges ordinaires par chacun an, que voulons estre imposés sur le sel qui se débitera en nostre dit pays de Languedoc, ainsin que sont les gaiges de nos autres officiers du dit pays.

Sy donnons en mandement à nos amés et féaulx les gens tenans nostre court de parlement de Tholoze,

---

(1) La paix de Fleix, signée en 1580, confirmait aux Protestants les avantages des traités antérieurs, notamment du traité de Bergerac (1577).

gens de nos comptes à Montpellier et autres nos justiciers et officiers qu'il appartiendra, que nostre présent édict, statut et ordonnance, vouloir et intention, ils tiennent, gardent et observent, fassent lire, publier et enregistrer, tenir, garder et observer sans y contrevenir, souffrir ou permettre qu'il y soit contrevenu directement ou indirectement en quelque manière que ce soit ; et, à ces fins, contraignent ou fassent contraindre tous ceulx qu'il appartiendra par toutes voyes deues et raisonnables, nonobstant oppositions des appellations quelconques, pour lesquelles ne voulons l'establissement du dit siège estre aulcunement différé.

Mandons en oultre à nos amés et féaulx conseillers les président et trésorier général de France au bureau du dit Montpellier, que la somme de deux cens quatre vingtz escus, à quoi se montent les dits gaiges, ils fassent mettre, asseoir et imposer et lever doresnavant par chacun an sur le sel débité au grenier et au magasin du Pont-Saint-Esprit par le grenetier, recepveur ou fermier, au dit lieu, avec les deniers des gaiges des autres officiers du dit pays, par augmentation du prix du sel, jusques à la concurrence de la dite somme, et par le dit grenetier recepveur et fermier bailler et mettre ès mains du dit recepveur et payeur pour estre après par luy baillés et deslivrés aux dits officiers, si comme à eulx appartiendra, aux termes accoustumés ; auquel grenetier, recepveur ou fermier, rapportant le vidimus des présentes pour une fois tant seullement, nous voulons la dite somme estre passée et allouée en la despense de ses comptes et rabattue de sa recette par les gens de nos dits comptes, sans difficulté. Car tel est nostre plaisir, nonosbtant tous édictz, ordonnances, défenses et lettres à ce contraires auxquelles et à chacune d'icelles nous avons pour ceste fois tant seullement et sans tirer à conséquence, desrogé et desrogeons, et à la desrogatoire de la desrogatoire y contenue. Et afin que ce soit chose ferme et stable à toujours, nous avons faict metre nostre sceel à ces dites présentes.

Donné à Paris au mois de mars, l'an de grâce mil cinq cens quatre vingtz et trois, et de nostre règne le neufviesme.

Signées: HENRY.

Et sur le pli d'icelles est escript : par le Roy estant en son conseil : de Neufville, signé, Contentor Visa, Bassot signé.

Et sont scellées du grand sceau en cire verte à lacz de soye rouge et verte à double queue.

Lues, publiées et registrées, requérant le procureur général du Roy et ouys tant le scindic du pays de Languedoc que évesque de Mende et officiers des sièges et séneschaucées de Nismes et du Puy, nonobstant chose dicte et alléguée au contraire, pour estre le contenu en icelles effectué, gardé et entretenu, suivant leur forme et teneur ; saulf au dit scindic du pays de Languedoc de se pouvoir retirer à sa majesté, pour par elle estre pourveu à l'assignation des gaiges des officiers du dit siège, ailleurs que sur le sel, suivant son bon plaisir.

Faict à Tholoze, en parlement, le 4me aoust 1583

Mémoire servant au Sénéchal de Nismes pour empescher l'établissement du Sénéchal nouvellement érigé au pays de Gévaudan résidant en la ville de Mende.

1585.

(Archives du département de la Lozère, Série G. 914.)

(inédit.)

L'occasion principale qui a ému le Roi sur la remoustrance d'aulcuns particuliers de permettre l'érection et établissement du dit Siège, a été pour ces plaintes ordinaires que Sa Majesté recevait des voleries, brigandages, meurtres, rançonnements et autres excès et contraventions aux dits édits que se commettaient et continuent encore dans le dit pays par une infinité de voleurs qui s'y sont ramassés de divers lieux, desquels on ne peut faire la punition, par ce qu'ils font profession de la religion prétendue réformée ; et comme ils sont pris, déclinent la Juridiction du prévost (1) et recourent au dit Sénéchal et Présidial de Nismes, qui retient le plus souvent la connaissance à soi ; ou s'il déclare être du prévost, c'est sous certaines modifications et entre autres que, le procès fait, le dit prévost ne pourra le rapporter qu'au dit Siège, où pour cet estat, il fera conduire les prisonniers. De quoy s'en suit une impunité, recours des prisonniers, évasion des

---

(1) Le prévôt des Maréchaux, chargé de la police du pays.

prisonniers pour une trop longue détention, ou bien que les complices font d'autres prisonniers catholiques pour les retenir comme par forme de représailles, ou autres semblables accidents, comme sont prises des villes ou châteaux, et toutes sortes de maléfices plus qu'en pleine guerre. Il se peut voir facilement par le narré de l'édit duquel ceux du dit Nismes ont eu copie que ça a esté la seule et principale occasion de la dite érection.

Sur quoi il faudroit rechercher quelques moyens pour pourvoir à ces désordres et les proposer au roi et à son conseil, autres que l'érection de ce Siège, par lesquels il se puisse faire que les voleurs ne courent si librement, comme ils ont fait, et que, sitôt qu'ils seront pris, ils soient punis sans recours au dit Nismes, ni ailleurs. Le moyen semble y être propre, si ceux de la dite Sénéchaussée présentaient requeste au Roi et à son Conseil par laquelle ils remontreroient à sa dite majesté comme elle a été esmue à permettre la dite érection pour la dite occasion, dequoi s'en suit une foule trop grande au pays, pour la petite étendue d'iceluy, multitude des officiers qui apporte au pays un grand intérest, le peu de volonté que le pays y a eu, et comme cela n'est provenu que de l'affection de certains particuliers (1) pour se maintenir en autorité dans le pays, et que, pour le regard de la difficulté des chemins, qu'elle n'y est pas telle qu'on l'a voulue faire et que Sa Majesté l'a bien reconnu, puisque pour le civil elle a retenu la supériorité au dit Siège pour les

---

(1) Allusion au Sénéchal, M. de Saint-Vidal.

cas présidiaux ; ce qu'elle n'eust fait si la difficulté des chemins eut été le motif de l'édit ; en quoi il ne s'est vu aucune difficulté, ni plainte pour avoir donné le sujet de ladite érection. Même que, pour le regard de la punition desdits voleurs, les officiers de la dite Sénéchaussée, par procuration expresse, consentiront que le Bailliaige de Gévaudan, qui a été de tout temps, connaisse privatement au dit Sénéchal et présidial avec le prévost de la diocesté, des cas prévostaux de la compétence ou incompétence où elle sera proposée avec pareille autorité que le dit présidial, sur quoi Sa Majesté en avait accordé ci-devant, à la poursuite du Syndic, une patente provisoire pour trois ans du ....
.... dont la copie en est cy-attachée ; et en cela le pays auroit autant de moyens de voir les voleurs chatiés et les bons en repos comme par le Sénéchal même ; et si on consideroit l'érection de nouveaux sièges et la multitude des officiers, qui est infiniment odieuse, ceux dudit Nismes demeureroient en leur entier privilège ; sur quoi faudroit faire appeler ledict syndic pour rapporter le dit édit de création avec inhibitions cependant pour l'installation, et faire rapporter la requeste par quelqu'un du Conseil qui leur fust favorable, néanmoins . . . . . pour ce fait de l'autorité du Roi de .... et lui en faire faire dépêche exprès au Roi, pour favoriser la dite requête, que pourroit, venant de son mouvement, toucher que c'est une contravention à l'édit et que le moyen en est autant propre en cette façon comme par le dit Sénéchal, si le Bailliaige avait ce même pouvoir, et combien que l'édit soit vérifié et certains particuliers pourvus de trois ou quatre des offices, qu'il n'y a point de finances, si ce

n'est seulement le droit de serment qui ne sauroit monter à tout compris deux cents escus, que ceux du dit Nismes rembourseront si ainsi par sa majesté est ordonné, ... etc. *(sic).*

Copie de la lettre adressée au Roi par le Syndic de l'Eglise de Mende au sujet de l'érection récente de la Sénéchaussée.

(Archives du département de la Lozère, Série G. 916).

(INÉDIT.)

Sire,

Le Syndic de l'Eglise de Mende vous remontre qu'ayant le Syndic du pays de Gévaudan, et sous le nom diceluy, poursuivi devers Votre Majesté un édit de nouvelle création et érection de Sénéchal en la dite ville de Mende de ce mois d'aoust en l'année 1583, soubs couleur des troubles, depuis la vérification du dit édit, tant à votre Conseil d'Estat qu'en la cour de Parlement de Toulouse, et après l'installation (1), par laquelle il a été fait un grand préjudice aux droits appartenant tant à Votre Majesté qu'à la dite Eglise et Evesque, en ce que concerne principalement les communs droits du Comté et Bailliaige de Gévaudan, le Suppliant auroit obtenu lettres patentes de Votre Majesté pour faire appeler en Votre Conseil Messire Vidal Martin, Juge mage en la dite Sénéchaussée,

---

(1) L'installation du Sénéchal eut lieu en avril 1585.

pour voir réparer les usurpations par lui faites des droits apparamment mentionnés au pariaige fait entre feu de très-heureuse mémoire le roi Philippe le Bel et Messire Guillaume Durand lors Evesque du dit Mende, confirmé par tous les rois vos prédécesseurs et par Votre Majesté ; si bien que l'instance en est encore pendante, en laquelle les officiers de Votre Majesté et de l'Evesque au dit Bailliaige ont principalement intérest, parceque l'autorité qui leur appartient en la justice commune leur est énervée et du tout ostée, et de faict que cela procède de la poursuite, faicte par le dit Syndic sous le nom du pays, dudit édit de création par lequel il est contrevenu en la plupart au dit pariaige en ce qui concerne les droits de la dite Eglise et évesché et l'autorité des dits officiers au dit Bailliaige, plaira à Votre Majesté ordonner qu'avant dire droit sur la dite instance, le dit Syndic sera appelé pour voir ensemble les dits officiers du Bailliaige et autres qu'il appartiendra, pour en après eux ouïr avec le dit suppliant, et y être pourveu ainsi qu'il plaira à Votre Majesté ; pour la conservation des droits et privilèges d'un chacun des officiers et pour faire connaitre et apparoir à Votre Majesté des dites entreprises de juridiction faictes par le dit Martin Juge mage, commandement être fait à tous les greffiers tant de la dite Sénéchaussée, bailliaige ordinaire que du pays appartenant à Votre Majesté, par devant Votre Majesté leur faire apporter les Actes et autres nécessaires, qu'ils ont par devers eux, desquels ils ont les copies.

Opposition des Réformés a l'installation du Sénéchal.

Début de 1585.

(Extrait du compte de M. de Chanolhet, syndic du Gévaudan. — Archives départementales de la Lozère, Série C. 1).

Et d'autant qu'en l'assemblée tenue à Montauban par ceux de la nouvelle relligion fust dressé cahier de leurs doléances, pour présenter au Roy, sur la fin de ce moys d'aoust, en l'année dernière 1584 et y fust mis article exprès pour supplier Sa Magesté de révocquer et supprimer la séneschaussée dudict Gévaudan pour plusieurs raisons contenues audict article et donné charge expresse et affectionnée à leurs députés généraux de poursuyvre, à toute outrance, la suppression dudict siège, lesquelz furent suyvis et assistés de MM. de Roux, conseiller au siège présidial de Nismes, et Martin, premier consul de ladicte ville, envoiés exprès de la part de ceux dudict Nismes pour ledict avayre, tellement que pour empescher ladicte suppression, et représanter à Sa Magesté la nécessité et utillité grande de ceste justice, ledict sindic (1) fust délégué par le païs avec plusieurs commandemens de Mgr de Sainct Vidal, gouverneur et seneschal d'icelluy, pour s'en aller en Court audict

---

(1) M. de Chanolhet.

effect et prins pour l'assister Mᵉ Jean Virgile, notaire royal, estant party de Mende le septiesme de novembre (1584) et arrivé le xıᵉ janvier suivant, que sont soixante-six journées, à rayson de 2 escus le jour, considéré l'importance dudict affayre et despences extraordineres que ledict a faictes, estant en Court pour resister aux brigues et menées de ceux de ladicte relligion ; monte ledict voyage la somme de six vingtz doutze escus.

Ayant pleu au roy, sur la responce faicte au cahier de ceulx de la nouvelle relligion ordonner touchant l'article qui requéroit la suppression de ladicte Séneschaucée son interest estre quelle demeureroit et Sa Magesté ne voulant alterer son premier édict d'érection et déclaration subsequante, ledict sindic, suivant le commandement de mondict seigneur de Sainct-Vidal (1) et disposition des affayres qui requeroient une extrême célérité, de peur qu'il n'y survint aucun changement ny altération, à celle fin d'advancer l'installation de ladicte Séneschaussée, prit la poste de Paris jusques à Riom et durant pour trente postes qu'il courust à raison de 40 sous pour poste et 6 sous pour le guide, ...

---

(1) Antoine de la Tour Saint-Vidal, gouverneur et sénéchal du Gévaudan, gouverneur du Velay était, en sa qualité de seigneur de Cénaret, l'un des 8 « barons du tour du Gévaudan ». Il fut gouverneur du Velay de 1574 à 1591 (date de sa mort), et du Gévaudan à partir de 1567. Les ruines du château de Saint-Vidal sont encore visibles aujourd'hui à environ 10 kilom. N.-O du Puy.

Minute de cédule appellatoire pour obtenir déclaration du Roi sur « l'entreprise de juridiction du Juge Mage (demandeur, Monseigneur de Mende.) »

12 août 1585.

(Archives du département de la Lozère, Série G. 914.)

(INÉDIT)

Le Procureur Juridictionnel du Seigneur Evesque de Mende, Comte de Gévaudan, pour et au nom dudit Seigneur, adverty de certain appointement donné le... (sic) jour du présent mois de Juillet, par vous M° Vidal Martin, docteur ès-droit, Juge Mage en la Sénéchaussée érigée par le Roi notre sire en la ville de Mende, tenant l'audience contre Paul Albaric, docteur ès-droit, Juge en toute la temporalité du dit Sieur Evesque de Mende, en haine de ce que le dit Albaric, Juge susdit, veut conserver la juridiction et droits appartenant au dit Seigneur Evesque de Mende, comte de Gévaudan, sur laquelle Juridiction vous avez entrepris ouvertement et contre le devoir de votre charge, édit d'érection de votre siège de Sénéchal, arrêt donné par le conseil d'Etat et réserves portées par iceluy au profit du dit Sieur Evesque de Mende, comte de Gévaudan, pour la conservation de ses droits de justice ordinaire et de l'observation du Pariaige et concordat passé entre le feu roi Philippe le Bel et feu Messire Guillaume Durand, jadis évesque de Mende, l'observation duquel pariaige n'auriez voulu jurer comme estes tenu, par clause expresse contenue en iceluy, quelle insistante remontrance ou réquisition qui vous en aient été faites lors de l'installation de votre dit siège par les dits officiers ; et non content d'avoir fait un refus si mal à propos, auriez eu depuis pris connaissance, contre tout droit et devoir, de matières... personnelles, dont la connaissance appartient en première instance aux susdits officiers ordinaires du dit Seigneur Evesque de Mende comte de Gévaudan ; et que pis est, auriez retenu la connaissance d'icelles, assavoir de certaine instance de reconnaissance de cédule d'entre M⁰ Jehan Comitis de Sainte-Enimie (1) contre Messire Hély Chevalier marchand du dit Mende, ores les parties eussent contesté longtemps auparavant devant les dits officiers ordinaires ; et auriez encore pris connaissance d'autres instances en advocation et promesse d'autres, Jacques du Braet, Sieur de Costeregard, demandeur, habitant de Chanac et M⁰ Antoine Glaise du dit Mende défendeur ; et en oultres auriez aussi par grande affection et déférant de tout devers la dite Juridiction ordinaire du dit Seigneur Evesque de Mende retenu la connaissance d'autres matières d'entre les habitans de Badaroux (2) contre Raymond Molinier du dit lieu pour raison de la distribution des fumatures des troupeaux de moutons et de brebis qui viennent annuellement du pays

---

(1) Chef lieu de canton, arrondissement de Florac.

(2) Commune du canton de Mende. Le château de Badaroux et ses dépendances étaient terres épiscopales. (Arch. départ. Lozère, Série G. 733).

de Languedoc estiver aux villaiges pour engraisser les terres, laquelle matière aurait été prévenue par les dits officiers ordinaires du dit Sʳ en inhibition contre le dit Molinier pour les torts aux dits officiers dénoncés, avoir été par le dit Molinier inférés aux autres habitants du dit Badaroux, ayant le dit Molinier grand nombre de bétail à laine du dit pays de Languedoc, et le tenant et faisant dépaitre les herbes des habitants du dit villaige de Badaroux, sans distribuer les dites fumatures ainsi que était de coutume entre les dits habitants; ores les parties eussent aussi contesté pardevant les dits officiers ordinaires, juges naturels et compétents des dites parties, et d'abondant poursuivies en la cour de parlement de Toulouse, d'avoir les clefs de la porte de la présente ville, qui ont toujours appartenu au dit Sʳ Evesque de Mende, qui est seul Seigneur haut, moyen et bas d'icelle, et autres ses terres propres, et en son absence Monsieur son Vicaire Général représentant sa personne; et d'ailleurs auriez ces jours passés contrevenu aux privilèges, libertés et franchises concédées par les dits feus rois de bonne mémoire et les feus Evesques de Mende aux habitants d'icelle et du dit pays de Gévaudan, par lesquels entre autres choses est prohibé et défendu que les jours de mercredi et samedi, jours de marché en la dite ville de Mende, aucun forain ne peut être exécuté en ses personne et biens dans ladite ville pour dettes, ni allant et venant en icelle pour trafiquer et négocier, duquel privilège les dits habitans ont joui de tout temps, qui n'est mémoire du contraire, et d'iceluy et autres concédés aux dits habitans; les dits officiers du dit Seigneur Evesque de Mende, sans considération et sans avoir eu égard aux dits privilèges, auriez fait mettre prisonnier un nommé Estienne Laurent du Buisson en vertu de vos lettres de ...., appelés des conventions, un mercredi, jour de marché, dans la dite ville de Mende, et mesmes dans les prisons du dit S^{er} Evesque, quoique comme juge des conventions n'ayez aucune supériorité sur les dits officiers ordinaires du dit S^{er} Evesque, mais seulement comme juge mage au dit Siège, en cas de rescrit et appel tant seulement ; et parceque le dit prisonnier aurait été tiré des dites prisons par les dits officiers ordinaires du dit S^{er} à la réquisition du procureur de la ville et du procureur juridictionnel, essayant de grande passion auriez voulu criminaliser le dit Sieur Albaric, juge susdit, pour l'inimitié qu'avez contre lui conservée de ce qu'il veut conserver les droits de la Juridiction du dit S^{er} Evesque de Mende ; davantage, étant en plein conseil de ville, encore que de tout temps les dits officiers du dit S^{er} Evesque de Mende président au dit conseil, vous vous seriez jugé avoir la préséance sur eux contre tout droit et équité, cherchant toutes les inventions et artifices qui se pouvaient pour du tout anéantir la Juridiction du dit Seigneur Evesque, et combien que des instances susdites les dits officiers vous aient demandé renvoi pour le dit sieur, n'y auriez voulu entendre, ains auriez retenu la connaissance d'icelles, pervertissant par ce moyen tout ordre de justice. Desquels torts et griefs, contradictions, par vous faites tant au dit pariaige que privilèges de la dite ville et entreprises sur la Juridiction du dit Seigneur Evesque, et autres à desduire en temps et lieux par vous faits et inférés au dit Seigneur et habitans du dit

Mende, le dit procureur juridictionnel pour et au nom dudit S^er Evesque de Mende, comte de Gévaudan, s'en porte pour appelant au Roi notre sire et à son Conseil d'Etat de la dite érection de votre dit siège, et avant pour poursuivre la réparation des dits torts et griefs, vous prenant en partie formelle et protestant au dit nom contre vous de la contravention par vous faite tant au dit Pariaige que ordonnances royaux faites par le feu Roi Charles huitième sur la réformation de la Justice du pays de Languedoc, article dixième, estant notoirement la dite ville de Mende et pays de Gévaudan de la dite province, par lequel article est très expressement inhibé et défendu aux sénéchaux, Juges mages et autres Juges royaux de n'entreprendre rien sur la Juridiction temporelle des gens d'église et autres Juges ordinaires de la dite province, ou les empescher en la connaissance des matières qui leur appartient et autrement, comme est porté par la dite ordonnance précédente ; protestant le procureur juridictionnel au nom susdit de ce dessus contre vous ; de quoi le dit procureur juridictionnel au nom du dit S^er Evesque de Mende, comte du Gévaudan, vous présente cette cédule appellatoire, et de la présentation d'icelle demande acte, lui être expédié par... (sic) notaire royal du dit Mende comme ici présent lui requérant acte de son appel.

Et depuis continuant la même usurpation et entreprises sur la Juridiction du dit S^er Evêque de Mende, avoir fait mettre en prison, Guillaume Leynadier, Boucher, habitant de Mende dans les prisons du dit S^er Evesque, contre les officiers du dit S^er, lui ayant fait et parfait le procès au dit Leynadier, pour

les faits et causes résultant d'icelle, voire ce jourd'hui
sentence aurait été donnée contre ledit Leynadier, ce
jourd'hui douzième du présent mois d'aoust mil cinq
cent quatre-vingt cinq. De quoi et d'autres torts et
griefs ci-dessus mentionnés le dit procureur juridictionnel, au nom de mon dit S⁹ʳ de Mende, en appelle, comme dessus, et requiert acte de son dit appel
au notaire ici présent insistant aux mêmes protesta-
tions ci-dessus escriptes.

Minute de Lettres Patentes a obtenir pour Monseigneur de Mende. (1)

(Archives départementales de la Lozère, Série G. 914).

(INÉDIT)

Henry, par la grâce de Dieu roi de France et de
Poloigne, à tous ceux qui ces présentes lettres verront, salut et dilection. Notre amé et féal messire

---

(1) Ce document n'est pas daté. Cependant nous pensons qu'i
a été rédigé vers la fin de l'année 1585 ; 1° on y lit, en effet, que
le roi « auroit, *depuis deux ans en ça,* érigé un siège de Sénés-
chaussée en la ville de Mende... ». Or la date de la création de
la Sénéchaussée est le 4 août 1583. 2° Ce document est postérieur au précédent, parce qu'il mentionne comme un fait passé
« l'acte appellatoire du procureur de l'Evesque ».

Regnaud de Beaunes (2), évesque de Mende, comte de Gévaudan, l'un de nos conseillers en notre conseil d'estat, nous auroit humblement remontré en notre dit conseil que par nos lettres patentes, en forme de édit, nous aurions, depuis deux ans en ça, érigé un siège de sénéchaussée en notre ville de Mende et pays de Gévaudan, pour distribuer la justice à nos sujets du dit pays avec telle et pareille autorité que notre dite sénéchaussée du dit Beaucaire et Nismes, de laquelle nous avons retranché le dit pays de Gévaudan, pour les causes contenues en notre dit édit d'érection, étant porté par icelui que, à occasion et moyen du dit siège de sénéchaussée par nous établi au dit Mende et pays de Gévaudan, la juridiction ordinaire que le dit seigneur évesque de Mende a dans la dite ville du dit Mende en laquelle il est haut, moyen et bas justicier, ne serait en rien amoindrie; ores notre dit édit d'érection de la dite Sénéchaussée eust été vérifié en notre Cour de Parlement de Thoulouse, ce nonobstant, sur les oppositions formées à l'établissement du dit siège tant par le dit sieur évesque de Mende que autres parties,

---

(2) Renaud de Beaune, alors archevêque de Bourges, et par conséquent métropolitain de l'évêché de Mende, avait été le prédécesseur d'Adam de Heurtelou. Celui-ci, d'abord vicaire général de Renaud de Beaune lui succéda en 1586. Renaud conserva certains intérêts en Gévaudan; aussi se préoccupa-t-il toujours des affaires de ce pays et servit-il parfois d'intermédiaire entre le pouvoir royal et le diocèse de Mende. Ce fut lui qui, nommé archevêque de Sens, reçut Henri IV converti sur le parvis de Notre-Dame.

le jugement et décisions desquelles nous auroient été renvoyés et à notre dit Conseil d'Etat par notre dite Cour de Parlement du dit Toulouse, par notre arrêt donné en notre Conseil d'Etat les dites oppositions auraient été vuidées, et ce faisant, aurions déclaré par notre dit arrêt du... *(sic)* (1) que la nouvelle création de la dite Sénéchaussée ne serait en rien contrevenue, ni fait aucun préjudice ès droits qui sont acquis au dit seigneur évesque par le concordat de Pariaige passé par feus de bonne mémoire le roi Philippe le Bel et Guillaume Durand lors évesque du dit Mende, dict Speculator Juris (2), en l'année mil trois cent et six (3) faisant aussi déclaration par ledit arrêt que nous n'entendons aucunement préjujudicier à la juridiction du Bailliaige de Gévaudan qui est commune entre nous et le dit évesque, prenant sa source et fondement au dit concordat et Pariaige ; et d'autant que, M⁰ Vincent de Luc (4),

---

(1) Déclaration royale « portant que la juridiction ordinaire de l'évêque du Gévaudan lui est conservée ». (Arch. départ. de la Lozère, Série G. 914, inédit).

(2) Il y a ici une erreur. Le célèbre Guillaume Durant, surnommé le *Speculator*, était mort en 1296. Ce fut son neveu et successeur, Guillaume Durant II, qui signa le Paréage de 1307. L'oncle et le neveu étaient d'ailleurs deux savants jurisconsultes.

(3) 1307 nouveau style.

(4) Voir, dans les Documents publiés par M. F. André sur les guerres de Religion en Gévaudan, tome III, pages 135 et 136, le « Compte des dépenses faites par le conseiller M. de Luc, commissaire dépputé pour installer le Sénéchal ». M. de Luc arriva à Mende le 21 mars et en partit le 12 avril 1885.

conseiller ordinaire en notre Cour de Parlement de Toulouse, procédant à l'exécution réelle et installation du dit siège au dit Mende, lui avait été remontré par Me Pol Albaric, docteur ès droit, juge ordinaire du dit Mende, pour le dit seigneur évesque, à l'assistance de Mre Jehan Brugeyron, licencié ès-droit, son vicaire général, que le sieur de St-Vidal, chevalier de notre ordre, capitaine de cinquante hommes d'armes de nos ordonnances, et notre Sénéchal au dit Gévaudan, et Mre Vidal Martin, docteur ès-droit, juge-mage et lieutenant général en icelle, suivant la clause portée par le dit Pariaige, estaient tenus jurer l'observation d'icelui comme nos sénéchaux du dit Beaucaire et Nismes et autres officiers portés par la dite clause ci liée, sous le contre-scel des présentes, avons ci-devant fait si qu'estant la dite Sénéchaussée par nous nouvellement érigée, retranchée de notre dite Sénéchaussée de Nismes, il était raisonnable que ledit sieur de Saint-Vidal comme sénéchal et le dit Martin comme juge-mage jurassent l'observation du dit Pariaige, ce que toutefois le dit sieur de Saint-Vidal ni le juge-mage susdit n'auraient voulu faire; et que pis est, le dit sieur de Luc ne l'aurait voulu ordonner, combien que les dits Brugeyron et Albaric, officiers du dit évesque, lui fissent exhibition publiquement tant du dit Pariaige, contenant la dite clause, que de l'acte de prestation du serment de l'observation d'iceluy, jadis faicte par nos dits sénéchaux et autres officiers du dit siège et Sénéchaussée de Nismes en bonne et due forme; tellement que depuis l'installation de la dite Sénéchaussée au dit Mende, le dit Martin, juge-mage en icelui, au lieu de se contenir aux termes de notre édict et déclaration par nous faite par notre dit arrest, contrevenant à nos vouloirs et intentions et par conséquent au dit concordat et Pariaige, auroit usurpé, comme il usurpe incessament, la juridiction ordinaire du dit seigneur évesque, molestant en toutes les occasions et qu'il se peut aviser ses dits officiers et sujets, prenant connaissance en première instance, contre toute disposition de droit et teneur de nos ordonnances, des matières et actions tant civilles que criminelles dont les dits officiers du dit seigneur évesque ont connu de tous temps et peuvent connaitre, tant suivant le dit Pariaige où la dite juridiction est aussi fondée, que par nos dits édits et ordonnances; et nonobstant que les dits officiers du dit évesque ayent requis le dit Martin leur renvoyer les dites matières, il en avait retenu la connaissance contre toute raison et équité, énervant du tout, par ce moyen, la dite juridiction ordinaire du dit seigneur évesque, contre la teneur de notre dit édit d'érection, auquel le dit Martin contrevient directement.

Quoy voyant, le procureur juridictionnel du dit seigneur évesque auroit baillé des cédules appellatoires(1) au dit Martin juge-mage sus dit contenant les torts et griefs par lui inférés au dit seigneur évesque de Mende sur l'entreprise et usurpation de sa dite justice ordinaire et contravention faite au dit Pa-

---

(1) Voir, plus haut, la « Minute de cédule appellatoire pour obtenir déclaration du Roi sur l'entreprise de juridiction du juge-mage ». 12 août 1585.

riaige ; l'extrait desquelles est ci attaché sous le contre-scel de notre chancellerie ; desquels griefs et torts faits par le dit Martin au dit seigneur évesque, à plein spécifiés par la dite cédule appellatoire, le dit procureur juridictionnel du dit seigneur évesque, pour avoir réparation d'iceux, aurait appelé à nous et à notre Conseil d'Etat, sans que iceluy Martin ait voulu déférer à la dite appellatoire, mais passé outre, ayant retenu la connaissance des dites matières et icelles jugées ; laquelle appellation doit être traitée et poursuivie par devant nous et notre dit Conseil d'Etat, étant question de la contravention à la déclaration par nous faite, par le dit édit d'érection, de ne énerver en rien la juridiction ordinaire du dit seigneur évesque, et aussi à d'autres et subséquentes déclarations par nous faites par le dit arrêt donné par notre Conseil d'Etat, touchant l'observation du dit Pariaige, confirmé par les feus rois nos prédécesseurs de très recommandable mémoire et enregistré en notre chambre de trésor et en notre dit Parlement de Toulouse.

A cette cause, considérant qu'il n'y a rien plus équitable que de maintenir chacun en ses droits, et bien que par le dit concordat la juridiction que le dit seigneur évesque a dans la dite ville de Mende et autres terres propres dépendant du temporel du dit évêché, que aussi la juridiction du dit bailliage de Gévaudan qui est en pariaige entre nous et le dit seigneur évesque comme dit est par les ordonnances faites par nos prédécesseurs et par nous sur le règlement de la justice de notre province de Languedoc de laquelle la dite ville de Mende et pays de Gévaudan sont, soit amplement déclaré ce qui appartient à la juridiction des officiers ordinaires des sénéchaux et baillis et autres degrés de juridiction, établis en la dite province, pour se comporter chacun en son endroit, sans entreprendre l'un sur l'autre et ne mettre en confusion la distribution de notre justice, dont pourraient naitre par succession de temps plusieurs grands désordres et contentions qui tourneraient enfin à la ruine de nos sujets du dit pays de Gévaudan.

A quoi voulant obvier, ayant fait voir en notre dit conseil d'Etat la dite supplication et remontrance, l'extrait du dit Pariaige, prestation de serment de l'observation d'icelui, notre dit édit d'érection de la dite Sénéchaussée, arrest par nous donné en notre dit Conseil d'Etat, en conséquence du dit édit d'érection et procès-verbal du dit de Luc fait sur l'installation du dit siège, contenant les réquisitions des officiers du dit seigneur évesque, ensemble l'ordonnance du dit de Luc, conseiller sus dit, cédules appellatoires baillées et revisées par le dit procureur juridictionnel du dit évesque au dit Martin, juge-mage susdit, suivant l'avis de notre conseil, ayant le tout bien et mûrement délibéré, par cestuy notre arrêt, avons déclaré et déclarons que n'entendons contrevenir en aucune manière que ce soit au contenu du dit Pariaige par le moyen de la dite érection du dit siège de Sénéchaussée au dit Mende et pays de Gévaudan, comme nous avons par ci-devant déclaré par notre dit arrêt, ni aussi aucunement énerver la dite juridiction ordinaire du dit sieur évesque, ni celle du dit Bailliage ; néanmoins, enjoignons au dit sieur de Saint-Vidal, notre dit Sénéchal, et Martin, juge-mage susdit et autres qu'il appartiendra de n'entreprendre dorénavant ni usurper la dite juridiction ordinaire du dit seigneur évesque, ni aussi du Bailliaige directement ou indirectement ; leur faisant inhibitions et défenses, à peine de privation de leurs états et offices et de deux mille écus d'amende, de ne prendre cour ni connaissance tant des matières pour ce personnelles que autres matières tant civiles que criminelles en premières instances, dont la connaissance appartient aux dits officiers ordinaires du dit seigneur évesque, et aussi du dit Bailliaige, si ce n'est par ressort et appel ou en cas de notoire négligence, dénis de justice, ou connivence suivant nos édits et ordonnances, et leur apparaissant bien et duement les dites négligences et connivences et dénis de justice, et non autrement, sur les peines susdites, nullité et cassation des procédures, si aucunes en étaient faites par ci-après, en haine et préjudice de nos dites patentes et arrêts.

Voulons aussi et ordonnons que le dit seigneur évesque de Mende, ensemble ses officiers de sa dite justice ordinaire et officiers du dit Bailliaige jouissent librement, pleinement et sans contredit des prééminences, prérogatives et privilèges à eux appartenant, et desquels tant leurs prédécesseurs que eulx ont joui de tout temps et même devant l'érection de la dite Sénéchaussée, et parce que c'est chose très raisonnable que d'observer les conventions et concordats, pariaiges et autres actes publics, faits et passés par les feus rois nos prédécesseurs pour le bien de notre état avec plusieurs prélats et seigneurs de notre royaume.

En considération de ce, avons enjoint et commandé très expressement, enjoignons et commandons, par ces dites présentes, aux dits sieurs de Saint-Vidal et Martin juge-mage et autres officiers en la dite Sénéchaussée du dit Mende, jurer l'observation du dit Pariaige entre les mains du dit sieur évesque de Mende, suivant la clause portée par le dit Pariaige, dans trois mois après la signification des présentes sur les peines portées par le dit Pariaige.

Et en ce qui touche les griefs déduits et portés par les dites cédulles appellatoires a préjudice du dit seigneur évesque et de sa dite justice ordinaire que nous voulons lui conserver comme étant fondée par le dit concordat et Pariaige, avons ordonné et ordonnons que les dites procédures y mentionnées seront apportées en notre Conseil d'Etat dans deux mois et le dit Martin appelé par devant nous et en notre dit conseil pour les venir soutenir et icelles voir casser, annuler et remettre en leur premier état, et d'en réparer par le dit Martin les torts et griefs par lui inférés au dit évesque de Mende et ses dits officiers. Pour la décision desquelles appellations nous avons de notre certaine science, pleine puissance et autorité royalle, retenu et retenons connaissance d'icelles à nous et à notre dit Conseil d'Etat, et icelle interdite et défendue, interdisons et défendons à notre dite Cour de Parlement de Toulouse et autres officiers de notre dit royaume, à peine de nullité des actes, procédures et jugements qui s'en pourraient ensuivre, pour cet effet évoquant à nous et à notre Conseil d'Etat les instances qui, pour ce regard, sont introduites et pendantes à notre Cour de Parlement de Toulouse, leur interdisant par même moyen la connaissance d'icelle, sur les peines susdites, et donnons en mandement à tous nos huissiers et sergents requis, faire les injonctions commandements et inhibitions susdites et tous autres exploits nécessaires, tant à notre Cour de Parlement de Toulouse, sénéchal et juge-mage susdits, que tous autres dont requis seront par le dit seigneur évesque de Mende les dits officiers en rapportant par nos dits huissiers et sergents leurs exploits et procès-verbaux duement faits.

Nous et notre Conseil d'Etat mandons en outre et commandons à tous nos justiciers, officiers et subjects que nos sus dits huissiers ou sergents fassent ce dessus, obéissent et aussi leur donnent main-forte si mestier est. Voulons au surplus, que cestuy notre dit arrêt et patentes soient exploitées sans prendre visa, et que, au vidimus, soit adjoustée pareille foi que à l'original de ses dites patentes, appellations, oppositions et autres lettres à ce contraire, nonobstant pour raison desquelles ne voulons l'exécution de nos susdites patentes être aucunement différée, car tel est notre plaisir.

Donné, etc. etc.... *(sic)* (1).

---

(1) On lit en marge :

« Faut pour bien dresser lesdites lettres avoir le Pariage pour en faire extrait, l'édit d'érection du sénéchal à Mende, l'arrêt du conseil privé sur ce intervenu, l'acte appellatoire du procureur de l'évêque, et quelques actes qui auroient en première instance esté introduits par devant le Sénéchal, même des causes pour raison desquelles ledit procureur de l'évêque auroit ait remontrance audit Sénéchal pareillement que le greffier s'ingère de jouir de son greffe et qu'il fasse apparoir de quel-

REQUÊTES DE VIDAL MARTIN, JUGE-MAGE EN LA SÉ-
NÉCHAUSSÉE DE MENDE, CONTRE LES OFFICIERS DU
BAILLIAGE ÉPISCOPAL.

Août 1585.

(Archives départementales de la Lozère, Série G. 917).

(INÉDIT)

A Messieurs du Parlement,

Supplie humblement Vidal Martin, juge-mage en la Sénéchaussée de Gévauldan, qu'il auroyt pleu à Sa Majesté d'ériger ung siège de sénéchal audit pays de Gévauldan pour cognoistre et décider de toutes instances, tant civilles que criminelles, des habitans d'icelluy païs en la mesme façon que les autres sénéchaux du ressort ont accoustumé de cognoistre des mesmes matières, et particulièrement par l'édict de Crémieu intervenu sur le différant que a esté autreffois d'entre les prévosts et juges subalternes et lesdits séneschaux, néantmoingz avec mesme prérogative d'honneur et prééminance que les autres sénéchaux et juges-mages ont accoustumé de jouir, duquel estat de sénéchal ledit sieur de Sainct-Vidal auroyt esté pourvu par Sa Majesté et le suppliant d'estat de juge-mage, auquel, apprès avoir presté le

---

ques refus et ordonnances dudit sénéchal, parce que tout ce qu'il dit n'est qu'une simple exposition ; et par les pièces envoyées par luy appert que lui en être pourveu par les Etats à l'encontre du greffier de la Sénéchaussée qui se vouloit ingérer d'écrire à la dite assemblée, de sorte que ledit Brugeyron est demeuré en possession.

serment à la Court, ledit suppliant aye esté receû et installé ; néantmoingz ilz se seroient présentés comme ordinairement se présentent et s'offrent une infinité de difficultés, oppositions, empeschemens à l'exercice d'icelluy estat, donnés par Messire Jehan Brugeyron, vicaire général du sieur évesque de Mende, lequel sous prétexte que ledit sieur évesque est comte en pariaige avec le Roy de ladite ville de Mende, s'efforce d'usurper toutes prérogatives et prééminences sur ledit suppliant jusques à prendre le commandement sur les habitans de ladite ville pour la garde d'icelle et des clefs de la porte (1), baille le mot du guet, ce que soubz correption ne peult apartenir à aultre qu'au sieur de Saint-Vidal et en son absence au suppliant. Et non content de ce, auroit suscité Mr Pol Albaric, juge ordinaire de ladite ville, ensemble Maitre Dumas, juge du Bailliaige dudit païs, lesquels entreprennent ordinairement de cognoistre les instances dont la cognoissance appartient privativement audit sénéchal ; mesmes ledit Albaric, ores qu'il soyt tant seulement juge, se veult ingérer de prendre cognoissance des instances de maintenue desquelles la cognoissance suivant l'édict de Crémieu apartient privativement aux juges des sénéchaux ; et encor tant ledit Dumas que Albaric veullent priver le suppliant de présider à faire le despartement et assiette des deniers royaulx dudit diocèse de Mende ; ce qui ne peult apartenir à aultre que audict suppliant comme juge-mage en la mesme façon qu'il a esté ordonné par les arrests de la Court en la Sénéchaussée du

---

(1) La porte d'Angiran.

Puy, et parce que telles contraventions ne peuvent procurer que confiuzion et domaige au public, et que n'est raisonnable que ledit suppliant demeure privé des prérogatives et honneurs desquelles tous les aultres juges-mages de ce ressort jouissent.

Plaise de vous graces ordonner que le suppliant assistera et présidera en l'absence dudit sieur de Sainct-Vidal en toutes assemblées, et mesme en icelles que se feront pour les affaires du Royaume et païs, et jouira des aultres prééminences à luy deues par raison de sondit estat par dessus ledit Brugeyron et aultres ; aura les clefs de la ville, le mot de guet en l'absence dudit sieur de Sain-Vidal ; néantmoings qu'il cognoistra des instances dont la cognoissance luy est atribuée par ledit édict de Crémieu avec inhibition et deffance tant audict Albaric que audit juge du Bailliage (1) de n'empescher le suppliant ou son lieutenant en l'assiette et despartement desdits deniers royaulx et tous aultres actes de justice et prérogatives à luy dubs et pour sur ce pourvoir et en cas de plus long traict par provision régler les parties veu la.... (sic)

Soyt monstré au procureur général du Roy qu'en aoust 1585, parties ouyes devant commissère, requerra ce qu'il appartiendra, et cependant est inibé et deffendu ne contrevenir à l'édict de Crémieu et aultres concernant le réglement d'entre les séneschaux et les juridictions ordinaires, ny empescher ledit suppliant de présider aux assemblées génératles du con-

---

(1) C'est-à-dire le juge Jean Dumas.

seil de ladite ville de Mende en l'absence du sieur de
Sainct-Vidal sénéchal dudit païs de Gévauldan sur
peyne de dix mille escus.

A Tholoze le xxe aoust 1585.

A Messieurs du Parlement,

Supplie humblement Vidal Martin, juge-mage en
la Sénéchaussée de Gévauldan que bien que, par les
édits du Roy et arrests intervenus sur le différend
que aultrefois a esté entre les prévosts et juges subalternes, de s'ingérer, prendre cognoissance des matières criminelles à l'assistance du prévost et moingts
présider aux assemblées publiques et despartement
des deniers royaulx qu'en deffault sullement du sénéchal audit pays ou de son lieutenant général, sy est
que Me Jehan Dumas, juge du Bailliaige audit pays de
Gévauldan contrevenant directement aux édicts et arrests, entreprenant ordinerement de cognoistre des
instances criminelles à l'absistance du prévost; et
oultre plus veult priver le suppliant de présider et
faire le despartement et assiette des deniers royaulx
dudit païs, comme aussy tant luy que Me Pol Albaric, juge ordinaire de la ville de Mende, Jehan Brugeyron, vicaire général dudit sieur évesque de ladite
ville veullent aussy priver le suppliant des aultres
prérogatives d'honeur et prééminence dont mention
est faicte en la Requeste cy attachée; veue laquelle
ensemble la réponse de Messieurs les gens du Roy
mise au pied d'icelle, il vous plaise, Messieurs, ordonner les inhibitions contenues en ladite requeste
estre faictes auxdicts Dumas, Brugeyron, Albaric et

tous aultres qu'il appartiendra sur les peynes y mentionnées et défaulx, et ferés bien.

Les parties en viendront, au premier jour après la Sainct Martin (1), en jugement, et signiffication est ; déclare la Court que aulx assemblées que se feront en la maison de ville ledit Martin y assistera et présidera en l'absence du sénéchal avec inibitions de ne contrevenir à l'édit de Crémieu.

Fait à Thoulouse le 21 aoust 1585.

Henry, par la grâce de Dieu, roy de France et de Poloigne, au premier de nos huissiers ou sergents requis, salut.

Veu par notre Court de Parlement séant à Thoulouze les deux requestes à elles présentées par nostre bien aymé Maitre Vidal Martin, juge en notre Sénéchaussée de Gévaudan, ey soubz le contre-scel de notre chancellerie attachées, Nous, en suyvant l'ordonnance de nostre dite Court, ce jourd'huy donnée, veue la response et réquisition de nostre procureur général escriptes en l'une desdites requestes, nous mandons et ordonnons communiquer le contenu desdites deux requestes à Maitre Jehan Dumas, juge du Bailliaige de Gévauldan, Pol Albarie, juge ordinaire de notre ville de Mende, et Jehan Brugeyron, vicaire général de l'évesque de ladite ville, y nommés et comprins, et ce faisant, les assigner en nostre dite Court au premier jour après la Sainct Martin d'hiver prochain, venant pour voir par ledit suppliant faire

---

(1) La Saint-Martin est le 11 novembre.

ses dites requestes en jugement comme faire se doibt, et autrement procéder comme de raison, leur faisant néanmoings et à tous aultres qu'il appartiendra inibitions et deffances et par nous et notre dite Court de contrevenir à nostre édict de Crémieu et aultres concernant le règlement entre les sièges de nos sénéchaussées et les juridictions ordinaires, d'empescher ledict suppliant de assister et présider aux assemblées générales que se feront en ladite ville de Mende en l'absence de notre sénéchal audit pays, sur les peynes pourtées par nosdits édicts et aultres pourtés par les dictes requestes, sy mandons en oultre et commandons à tous nos justiciers officiers et subjects ce faisant.

Donné à Thoulouze en notre Parlement le XXIe aoust 1585 et de nostre règne le douzième.

BEAUFORT, *signé.*

L'an mil cinq cens LXXXV et le huitiesme jour du moys d'octobre, par moy Privat servant huissier en la Court de Monsieur le Sénéchal de Mende soubzsigné, les présentes requestes et lettres concernant ma comission ont esté intimées, signifiées à Me Pol Albaric, juge ordinaire de la ville de Mende, auquel ay faictes les inibitions et deffences pourtées par ycelles et luy ay donné assignation au premier jour juridictionnel apprès la Sainct Martin prochain en la Court souveraine de Parlement à Thoulouze pardevant actes, fins y contenues, et a requis coppie que luy ay bailhée.

Présens : Jehan ENJALVIN, Guillaume JEHAN et moy.

Signé : PRIVAT, *huissier.*

Extraits d'un « Mémoire sur les privilèges de l'Évêché avec la mention des contraventions de Me Vidal Martin, juge-mage, a l'acte de Pariaige ». (1)

22 novembre 1585.

(Archives départementales de la Lozère, Série G. 917)

(INÉDIT)

1° « Le seigneur-évêque a haute, moyenne et basse justice dans la ville de Mende et autres terres dépendantes de son évêché.

Ses officiers sont : un bailli et gouverneur de robe courte, un juge et procureur juridictionnaire, un juge des premières appellations, cinq lieutenants aux mandements de Chanac (2), Serverette (3), Cheylard-

---

(1) Ce document, très important, est l'analyse même du paréage conclu en février 1307, par Philippe le Bel et Guillaume II Durand, évêque de Mende.

(2) Chanac, actuellement chef-lieu de canton de la Lozère, situé sur les rives du Lot, à l'ouest de Mende, possédait jadis un château épiscopal, dont il reste quelques ruines, et où se tinrent parfois les États particuliers du pays.

(3) Chef-lieu de canton de la Lozère, (arrondissement de Marvejols), au nord de Mende.

l'Évêque (1), Grandrieu (2) et Fournels (3)-Chauchailles (4) ». Ces officiers ont été fixés par le Paréage de l'an 1307. Le tribunal de l'évêque a « la juridiction pleine et entière, même des cas royaux, dont il a toujours joui sans contestation jusqu'à aujourd'huy ».

2° Sur les terres communes (5) à l'évêque et au roi,

---

(1) Fait aujourd'hui partie de la commune de Chaudeyrac, canton de Châteauneuf, (arrondissement de Mende).

(2) Chef-lieu de canton de l'arrondissement de Mende, (au nord du département).

(3) Chef-lieu de canton de l'arrondissement de Marvejols, (au nord-ouest du département).

(4) Commune du canton de Fournels.

(5) Les « domaines propres du roi » étaient: le château de Grèzes (situé sur la route de Mende à Marvejols), Marvejols, Chirac, La Canourgue et son mandement, le château de Nogaret et ses dépendances, une partie de la viguerie de Meyrueis, de la balivie de Saint-Etienne-Vallée-Française, des paroisses de Saint-Germain-de-Calberte, de Sainte-Croix, de Vebron, des Balmes, etc.

Les « domaines propres de l'évêque », beaucoup plus vastes, étaient: la cité de Mende et son mandement, les châteaux de Chanac, du Villard, de St-Hilaire, de Badaroux, de Serverette, de Ribennes et leurs dépendances, la moitié du château de Randon et ses dépendances, la ville du Pompidou et son mandement, etc.

Les autres parties du Gévaudan étaient dites « terres communes à l'évêque et au roi ». (Consulter aux Archives départementales de la Lozère, un précieux document de la fin du XIIIe siècle, contenant l'énumération des fiefs communs et particuliers à l'évêque et au roi. — Série G. 733, inédit).

les officiers du bailliaige épiscopal de Mende ont les mêmes droits que les officiers royaux.

3° Les cas présidiaux sont réservés au Présidial de Nismes (1).

4° « La fausse monnaie (2), port d'armes et associations illicites regardent le bailliage de Mende, de par le Pariaige, bien que ce soient des cas royaux (3). »

5° « Par privilèges exprès, les maintenues impétrées du sénéchal de Nismes ne peuvent être exécutées dans la juridiction ordinaire de l'évesque qu'avec l'autorisation de la chancellerie de Toulouse. Messire Vidal Martin, juge-mage de la Sénéchaussée, y contrevient au mépris des privilèges de l'évesque ; ce qu'il ne peut faire, pas plus que la Sénéchaussée de Nismes que remplace celle de Mende »

---

(1) Avant l'érection d'une Sénéchaussée à Mende le bailliage du Gévaudan relevait de la Sénéchaussée de Beaucaire et de Nimes.

(2) La monnaie épiscopale (argent et billon) prima, en Gévaudan, la monnaie royale jusqu'à la fin du XIVe siècle. Sur les monnaies des évêques de Mende, consulter Dom Vaissette, *Histoire du Languedoc*, édit. Privat, t. VII, p. 412.

(3) Dans l'enquête mentionnée à la page précédente, note 5, on lit que les évêques ont toujours été regardés comme les souverains du Gévaudan *(pro majore dominio)* ; un sceptre royal est placé dans leurs armoiries, devant l'image de St Privat, en signe de leur puissance. Un témoin déclare *quod major dominatio et regalia sunt idem, et est major dominatio quia episcopus distringit barones et sibi et mandatis suis obediunt, punit excessus eorum et facit quæ dominus potest facere in subditis.* (Arch. départ. Lozère, Série G. 733, inédit).

« Il sera répondu au dit Martin se plaignant, que les officiers de Mende ne font qu'user de leurs droits ».

Maintien du Paréage (confirmé par Charles IX) (1), que Martin ignore sans doute.

Le Roi déclara, lors de l'érection de la Sénéchaussée, que la juridiction épiscopale demeurerait en son entier (2). C'est donc Vidal Martin qui « *usurpe des droits qu'il n'a pas sur la juridiction ordinaire de l'évesque :*

1° Il connoit en première instance des matières criminelles d'entre les habitans de la dite ville de Mende, ce qui est du ressort du bailliage...; de plus il veut connoistre des matières tant civiles que criminelles qui ont été traictées en première instance par devant les officiers ordinaires de l'évesque, et seulement par appel au sénéchal.

2° Le dit Martin n'a pas attendu qu'on ait fait appel au sujet de la condamnation d'un criminel ; il l'a jugé en première instance », il y a donc usurpation de sa part.

3° Il connait enfin en première instance des « cédules » des habitants de Mende. Sur ce point, Martin n'a pas tenu compte des observations du bailli.

Le juge-mage veut aller plus loin encore, et

---

(1) Confirmation du Paréage par Charles IX. — (Archives départementales de la Lozère, Série G. inédit.)

(2) Déclaration royale « portant que la juridiction ordinaire de l'évêque demeurera en son entier, à Mende même », malgré la création de la Sénéchaussée. (Arch. départ. Lozère, G. 911, inédit).

présider « aux assemblées publiques et conseils de la ville de Mende », ce droit ayant toujours appartenu à l'évêque et par suite à ses officiers. Le dit Martin ne peut y assister « qu'en sa qualité d'habitant et citoyen de Mende... En cas de relation royale, il peut inviter les consuls à réunir le corps de ville pour s'occuper de la question ».

Il demande les clefs de la ville en l'absence de M. de Saint-Vidal et le droit de « donner le mot ». Ces droits ne lui appartiennent pas ; les clefs sont gardées par le gouverneur du pays et, en son absence, par le vicaire général de l'évêché.

Le vicaire général représente l'évêque aux États et préside en son absence « ainsi qu'il a esté uzé de tous temps ».

M. de Saint-Vidal est gouverneur et sénéchal, mais M⁰ Martin (1) se trompe quand il pense « de vouloir le représenter en qualité de gouverneur ».

« L'original fut envoyé à Toulouse le 22 novembre 1585 ».

---

(1) Vidal Martin, juge-mage, méconnait donc ainsi, par tous ses actes, les privilèges épiscopaux fixés par le Paréage.

Avis du Conseil du Parlement de Toulouse sur la Requête de Me Vidal-Martin, juge-mage.

27 novembre 1585.

(Archives départementales de la Lozère, Série G. 916).

(INÉDIT)

Après avoir veu la requête (1) présentée à la cour de Parlement par messire Vidal-Martin, juge mage en la Sénéchaussée de Gévauldan et assignation donnée sur icelle à Messire Jehan Brugeyron vicaire général de Monsieur de Mende, ensemble les pièces qui ont esté envoyées de la part dudit sieur évesque prenant la cause pour son vicaire général :

Semble au conseil que ledit sieur évesque de Mende a juste occasion de prandre la cause pour ledit sieur Brugeyron, son vicaire général, et ses officiers, et sera bien fondé à empescher l'enthérinement de la requeste présentée par ledit Martin, laquelle bien que, en plusieurs choses, semble estre civille et conforme à l'érection dudit siège et édict de Crémieu (2), touttefois ceste Sénéchaussée, à son esgard particulier, est séparée des aultres par les tiltres dudit sieur évesque, ainsi que sera remonstré en la plaiderie.

Car, en ce que concerne le premier chef, touchant

---

(1) Voir l'avant dernier document.

(2) L'édit de Crémieu (1536) fut signé par François I pour régler la juridiction des baillis, sénéchaux et présidiaux.

la garde des clefs, puisque ledit sieur évesque est seul seigneur hault justicier et a de tous temps et mémoires acoustumé tenir, ou son vicaire général, les clefs de ladite ville, c'est chose qui ne luy peult estre ostée, non plus que la cognoissance des instances de maintenue à ses officiers, veu que tous les cas royaulx sont de leur cognoissance sans exception dans ladite ville, mesme pour la déclaration du roy, loys faictes en l'an mil cent soixante ung (1), estant ladite ville reservée par la transaction du mois de febvrier mil trois cens six (2) audit évesque, ensemble tout ce qu'il possédoit lors de propre en juridiction et propriété, ausquels tiltres ne peult estre faict aucun préjudice par l'érection dudit sénéchal, comme le Roy ne doibt estre entendu l'avoir voullu faire au dommaige et interest dudit sieur evesque, n'ayant ouy ny veu ces tiltres.

Quant à la présidance des estats du Gévaudan, il s'en fault tant que ledit juge mage la puisse prétendre, qu'il n'y a poinct d'entrée que pour présenter les commissions auxdicts estats et requérir pour sa magesté suyvant le contenu d'icelle; mais, aussy tost après, il doibt sourtir aux fins que lesdicts estats puissent en liberté délibérer sur l'octroy du contenu esdites commissions, de manière que pour ce regard, il seroit bon faire joindre le scindic du païs, aux fins d'estre maintenu en la liberté et privilège de tenir les estats dudit païs en la forme acoustumée.

---

(1) C'est-à-dire la « Bulle d'or » par laquelle Louis VII reconnaissait à l'évêque les droits régaliens sur son diocèse. (Arch. dép. Lozère. Série G. 25).

(2) Le Paréage. (1307, nouveau style).

Et quant aux assemblées de ville, à la vérité, c'est chose que pourra recepvoir difficulté veu les déclarations des feuz royz François I, Henry (3) et Charles neufvième, et les règlements donnés en la sénéchaussée du Puy et aultres, estant bien raisonnable que les officiers du roy assistent esdites assemblées, afin que rien ny soict faict contre son service, ce que leur estant octroyé, il est sans doubte qu'ils y précèderont les officiers ordinaires.

La principalle difficulté semble estre touchant la prérogative de baillier le mot, mais, en ce, fault regarder l'ancienne coustume, et si ledit sieur évesque, ou son vicaire et officiers, ont de tout temps acoustumé le baillier, il n'est raisonnable qu'ils en soient privés, non plus qu'en la sénéchaussée de Castelnau d'Arry; les consuls de ladite ville qui avoient tousiours acoustumé de bailler le mot n'en ont esté privés par l'érection de ladite sénéchaussée.

Mais, oultre ce, les tiltres qui ont esté envoyés sont tels qu'il semble que ledit sieur évesque a occasion pour le bien perpétuel de la table dudit évesché, et pour ne faire poinct préjudice aux droicts qui luy apartiennent, de faire plus avant recercher ses premiers tiltres, mesmes ceulx dont est faict narré au commancement de l'invantaire des pièces qui ont esté envoyées, d'aultant que par celles-là mesmes il se voyt que ledit sieur évesque a non seulement la juridiction haulte, moyenne et basse, mais encore les premières et secondes appellations, voire tout ressort sauf souve-

---

(3) Henri II.

raine, tellement qu'il sera nécessaire d'adviser d'obtenir lettres aux fins d'estre receus de nouveau à opposition et restituer en entier envers l'arrest de publication, et registres de ladite érection, et a ce en tout évènement comme estant le général dudit païs de Gévaudan en pariaige. — Ledit sénéchal soyt tenu au nom commun du roy et dudit évesque et toutes les confiscations que eschéront en ce qu'est en pariaige leur soient aussy communément adjugées, attendeu que la transaction porte que les officiers seront communs en ce qui sera commun; et n'est ledit conseil d'advis de s'ayder pour encores de ladite transaction; laquelle les adversaires ont plus d'occasions de produire, combien qu'elle est si saigement conceue, que si l'on envoye les aultres tiltres entiers, et par yceulx appert que le comté de Gévaudan appartient tout à la table de l'évesché comme desjà ceulx qui ont esté envoyés le donnent à cognoistre, il n'y est poinct faict de préjudice.

Sauf meilheur advis délibéré à Thoulouse au xxvii° jour de novembre 1585.

. . . .

DEYGUA ainsy signé.

Extrait de l'état des obligations faites par les consuls et eschevins de treize villes maytresses (1) du Bas Pays d'Auvernhe pour ceulx de Gévauldan.

du 18 juin au 6 juillet 1586.

(Archives départementales de la Lozère, Série C. 1724).

Le total des obligations s'élève à la somme de 14,966 escus deux tiers, payables par ceulx du Gévaudan à ceulx d'Auvernhe dans la fin de l'année 1586. (2)

Estat des munitions de vivres nécessaires pour la nourriture et entretènement d'une compaignie de 100 hommes de pied pour le siège de Marvejols, et ce pour un mois entier a raison de 30 jours le mois.

(Archives du département de la Lozère, Série C. 2).

Pains. — A raison de deux pains pour chascun soldat par jour, chascun pain du poids de 1 livre et demie revenant en général le setier bled, mesure de

---

(1) Notamment Clermont.
(2) Extrait des *Documents historiques sur les guerres de Religion en Gévaudan*, F. André, t. III, p. 234.

Mende (1), à raison de 120 pains pour sestier, se monte ledit entretènement de 100 hommes pour un mois entier .... 6,000 pains.

Bœufs. — A raison de 3 livres par jour, pour chacun soldat, pour le mois entier.... 90 quintaux.

Moutons. — 4, à chacune compaignie de 100 hommes, par jour, revenant pour le mois... 120 moutons.

Vin. — A une charge et demie pour ledit nombre revenant à 5 sestiers qui sont 80 pots chacune, que sont 120 pots pour chaque jour, savoir 100 pots pour ledit nombre que est un pot pour soldat, et 20 de surplus pour advantaiges aux chefs.

Estat de la solde et appoinctement par nous ordonnez pour chascun mois a la compaignie de cinquante arquebuziers a cheval, dont a la charge le sieur du Fau.

1ᵉʳ septembre 1586.

(Archives départementales de la Lozère, Série C. 1348).

Audict cappitaine Fau..........	40 escus.
A son lieutenant...............	30 —
Au porte-cornette..............	20 —
A ung fourrier et ung trompette, chascun 6 escus................	12 —

---

(1) Le setier valait, à Mende, 1 hectol. 19 litres.

A vingt des plus apparans, à
chascun 6 escus 2 tiers............ 133 escus 1 tiers.
A vingt-cinq aultres, à chascun 6
escus............................. 130 . —

Somme............. 365 escus 1 tiers.

Fait au camp, à Peyre (1), le 1er septembre 1586.

Anne DE JOYEUSE.

NOTE SUR LES DOCUMENTS RELATIFS A L'EXPÉDITION DE JOYEUSE EN GÉVAUDAN.

Août et septembre 1586.

Plusieurs de ces documents ont été transcrits dans le tome III des *Documents historiques sur les guerres de Religion en Gévaudan*, publiés par M. F. ANDRÉ, (de la page 220 à la page 290). A consulter, en outre, le *Bulletin* de la Société d'agriculture, sciences et arts de la Lozère, année 1863, où l'on trouvera le *Discours du voyage de Mgr le duc de Joyeuse en Auvergne, en Gévaudan et Rouergue,... écrit par ung gentilhomme de l'armée*

---

(1) Le château de Peyre, dont l'armée de Joyeuse faisait alors le siège, était situé sur le territoire actuel de la commune de St-Sauveur-de-Peyre, chef-lieu de commune de l'arrondissement de Marvejols, à 29 kilom. N.-O de Mende.

dudit Seigneur à ung sien amy. A comparer avec le récit transcrit par M. F. André, tome III de ses *Documents historiques*, pages 405 à 471, et dont l'auteur est un Religionnaire.

Lettre d'Adam de Heurtelou aux consuls de Florac.

9 septembre 1586.

(Archives du département de la Lozère, Série G. 61).

(INÉDIT)

Aux consuls de Florac,

Messieurs les consuls, estant en vostre endroict et de tous mes aultres diocésains ce que je suis, puisqu'il a pleu à Dieu, je ne puis que je ne vous tesmoigne par ceste lettre le regret que j'ay de veoir les meilleures villes et places de mon diocèse aussi ruynées et destruittes (1) qu'elles sont, manifeste courroux de Dieu contre le peuple qui les habitoit, pour leur hérésie et rebellion ; s'ilz eussent volu croire mon conseil paternel, ils ne se feussent jamais tant oblié se rendre ainsi opiniastres qu'ils ont faict, ains dès le commencement se feussent soubmis à l'obéyssance du Roy, comme bons et naturels subjects debvoient

---

(1) Allusion à la destruction récente du Malzieu et de Marvejols.

fère, ce à quoy les loys divines et humaines les obligeoient, ce que maintenant ils recognoissent, mais bien à tard. Toutefois je loue Dieu de veoir qu'ilz ont esté si bien conseillés de pourveoir à ce que leur est le plus prétieux, qu'est le salut de leur âme, ainsin qu'ils ont faict et continuent de faire par le moyen de leur conversion (1). Ce courroux de Dieu pour leur mescognoissance envers Dieu, le Roy, leur prochain et leur patrie, vous doibt, messieurs, faire saiges plustôt aujourd'huy que demain, et ne vous oblier tant qu'ils ont faict, et plustôt vouleoir pourveoir à votre conservation, sans estimer que les moiens et forces de ceulx de la religion nouvelle, qui se sont retirés en votre ville (2) vous puissent conserver, non plus qu'ilz ont faict vos paouvres voisins, qui se sont laissés trop aller à leurs promesses de les secourir et deffendre, chose à eulx impossible contre une si grande armée que celle du Roy, mesmement joinct que la cause est si saincte, pour laquelle elle milite, qui est pour la foy, obéissance et fidélité deue au Roy et non à aul-

---

(1) Le 25 mars 1587, Adam de Heurtelou écrivait au Roy : « Le trophée de Mgr de Joyeuse... a produit de si salutaires effects qu'environ 800 à 1,000 personnes de toutz estatz de mes diocésains sont, par le voulloir divin, retournés à l'obéyssance de l'Esglise de Mende et de Votre Magesté, par une pénitence publicque et grande contrition de leurs fautes ». (*Documents sur les guerres de Religion en Gévaudan*, tome III, page 305. — Arch. départ. Lozère, Série G. 1797).

(2) Les exilés de Marvejols et du Malzieu s'étaient en partie réfugiés à Florac; d'autres à St-Jean-du-Gard, Anduze, Alais, Nimes et Montpellier.

tre, qu'il ne fauct doubter ayant soubmis les villes et places qu'ils estimoient imprenables, combien sera-t-il facille à faire obéir la votre.

Votre seigneur (1), qui est catholique, ne vous doibt-il pas servir d'exemple de tesnir ceste même foy et religion catholique? Sa fidélité vers le Roy n'a-t-elle pas tousjours esté et de vos ayeulx exemple à ung chascung, fors que puis peu de temps, pour quelque subject de deffiance assez mal fondé, à ce que l'on tient, il s'en est esloigné? Mais Dieu par sa grâce l'inspirera, s'il luy plaist l'en faire bientost despartir, comme vous verrez qu'il fera, quelque faveur qu'il porte à l'héréticque, à mon grand regret, de tout bon chrétien et catholicque et de tous ses amis et serviteurs. Cependant votre ruyne n'est pas la sienne, et laquelle vous doibt toucher de plus près qu'à nul aultre ; si vous n'avez pitié de vous mesmes, ayez-le de vos peauvres enfans et postérité, ayez-le de votre ville et demeure, laquelle court le péril de la mesme ruyne que celle qui vous servoit d'exemple en votre mescognoissance et infidellité, et maintenant de punition divine; et pour l'éviter je vous prie et vous exorte vous voulloir plustost retirer vers Monsieur de Joyeuse que de vous oppiniastrer. Il est doulx et débonnaire seigneur à ceulx qui le recognoissent; oultre ce, il est parent de votre seigneur, et je scay que ceste seule raison vous favorisera de beaucoup en son endroict, car quelque inimitié par-

---

(1) Montmorency-Damville, gouverneur disgrâcié du Languedoc depuis son refus de publier l'édit de Nemours (7 juillet 1585), avait épousé Antoinette de la Mark, baronne de Florac.

ticulière qu'il luy porte il n'en a aulcunement contre luy, à ce que j'ay cogneu, et n'a que le seul zèle au service de Dieu et du Roy. Si envoyez vers luy quelques ungs comme je vous conseille et luy présentez les clefs de votre ville pour tesmoignage de votre fidellité et obéyssance que debvez au Roy, Il pourra vous les rendre et se contentera de vous faire jurer la fidélité et obéyssance que debvez à Dieu et au Roy, en laquelle vous estes tous nés, de ne recevoir aulcune garnison qui soit contraire à chose si saincte de ne pourter jamais les armes contre le Roy, ni prester faveur et ayde à ceux qui les portent quels qu'ils soient ; car derechef vous ne debvez recognoistre aultre Roy que cellui qu'il a pleu à Dieu nous donner très chrestien, très bon et débonnaire, ce que tous les aultres roys, princes et seigneurs de son royaulme et notre seigneur mesme doibvent assez recognoistre. Aussy vous pourra-t-il faire jurer et promettre recevoir en votre ville les ecclésiastiques et catholiques en tout seur accès, différer suivant l'édit du Roy (1) tout aultre exercice que cellui de la religion catholique jusques à ce qu'il ayt pleu à Dieu réunir l'une et l'autre par la voye de doulceur et de la vraye prédication de la parolle de Dieu et par une bonne et sainte vie, jusques à ce qu'il ait plu au Roy d'en autrement ordonner ; ce sont, Messieurs, promesses très sainctes et du debvoir de tout bon chrestien et d'un vray subject du roy ; et si vous estes si obliés que de rejecter ce mien sainct conseil, prenez

---

(1) L'édit de Nemours (7 juillet 1585).

en à vous-mesmes de la ruyne que vous sera peult estre et à mon grand regret, égalle à ceulx qu'ont esté si mal conseillés que de ne le recevoir. Dieu cognoistra s'il luy plaist ce mien debvoir paternel en votre endroict, la bonté duquel je m'en vays supplier de toute mon humble dévotion en attendant votre response, vous bien conseiller et inspirer pour votre salut et conservation laquelle je désire comme la mienne propre et vous donner envers mes diocésains de Florac la paix et amour de Dieu et de votre prochain, et qu'elle abonde en vos vœux.

A Mende ce ix vii^{bre} 1586.

Signé : ADAM. (1)

---

(1) Cette intervention d'Adam de Heurtelou n'eut aucun effet sur l'attitude des habitants de Florac, car, le 29 décembre suivant, les consuls « prenaient des mesures pour assurer la sûreté de la ville et résister aux troupes catholiques ». Tandis que Joyeuse et Saint-Vidal dévastaient Marvejols et ses environs, une armée commandée par « le sieur de Luynes, maréchal de camp de Mgr le duc de Montmorency », séjournait à Florac (août et septembre). (F. ANDRÉ, *Documents sur les guerres de Religion en Gévaudan*, t. III, pp. 292 et suiv.)

Extrait de l'accord passé entre les syndics et M. Jean Vincent, prêtre.

1587.

(Archives municipales de Mende, Série GG. 91).

(INÉDIT)

En vertu de ce traité, cet ecclésiastique « s'oblige à visiter les malades atteints de la maladie de la peste, il les confessera et réconciliera, les accompagnera avec la Sainte Croix, quand on les portera en terre, et après le corps en fosse, lui donnera les trois palades, mettra par rolle le jour et heure que seront trépassés, comme sera ordonné par MM. les consuls..., et ce, pour et ce moyennant la somme de 6 escus 2 livres chaque mois » (1).

Prix de l'avoine et de la paille en Gévaudan en 1587.

(Extrait du Bulletin de la Société d'agriculture de la Lozère, année 1864, page 59).

« 1 quintal de foin estre vendu, à Mende, communément .... 20 sols
1 quintal de paille................. 8 sols

---

(1) Cette peste, importée par l'armée de Joyeuse, frappa les habitants du Gévaudan pendant toute l'année 1587. — Consulter sur ce point les Archives communales de Mende, Série GG. 91. Liasse, 19 pièces papier, inédit.

1 cestier d'avoine............... 45 à 50 sols

Or les soldats auraient encore asssez à faire pour payer 1 quintal de foin.............. 8 sols.
    1 — de paille............ 4 sols.
    1 cestier d'avoine............. 25 sols ».

Il fut décidé par le gouverneur de Saint-Vidal et son conseil que les marchands de Mende seraient tenus de les vendre à ce prix.

Extrait de l'état des terrains abandonnés ou incultes dans divers lieux du Gévaudan. (1)

1586-1594.

(Archives départementales de la Lozère, Série C. 21).

(INÉDIT)

Dans la paroisse de Brion, (2) sont vacants : les biens de Pierre Gensaint, mort de la peste en 1586, personne n'ayant réclamé sa succession.

---

(1) Cette enquête avait été ordonnée par les Etats particuliers du pays de Gévaudan (1591). — F. André, *Procès-verbaux des Etats particuliers du pays de Gévaudan*, t. I, p. 279. — On y lit : « La plupart du peuple, au lieu de continuer le traffic et labouraige de ses terres pour ne pouvoir supporter les vexations, habandonne sa propre habitation et se retire ailleurs, tant en bas Languedoc que en Espagne et aultres païs éloignés pour y vivre avec plus de franchise et de soulagement... » De fréquentes relations existaient entre les Gévaudanais et les Aragonais depuis la domination des rois d'Aragon en Gévaudan. Voir : *Le Gévaudan sous les rois d'Aragon*, par F. André. (Extrait du Bulletin de la Société d'agriculture de la Lozère).

(2) Petite commune du canton de Fournels (Lozère).

Ceux d'Antoine Pellat, mort aussi de la contagion.

Ceux de Guillaume Pecoul, absent du pays.

Ceux de Guillaume Vacheresse, « depuis que l'armée du duc de Joyeuse lui enleva son bétail ».

Les biens en friche de la femme Bernier, décédée de la contagion, ainsi que toute sa famille.

Au village du Fau (1) sont abandonnés : les biens de Jean Pougion et de Jean Achard, morts de la contagion, ainsi que tous les membres de leurs familles, « à l'exception de sa femme qui fut peu de temps après dévorée par des bêtes féroces ».

Les autres biens abandonnés sont à Auroux, (2) Allenc (3), Châteauneuf (4), Belvezet (5), Chastanier (6), Sainte-Enimie, etc.

Les taxes des biens vacants sont estimées au Malzieu 125 écus, à St-Chély-du-Tarn (7) 46 écus, 3 sous, 10 deniers, etc.

---

(1) Hameau de la commune de Brion.

(2) Commune du canton de Langogne (Lozère).

(3) Commune du canton du Bleymard (Lozère).

(4) Chef-lieu de canton de l'arrondissement de Mende.

(5) Commune du canton du Bleymard (Lozère).

(6) Commune du canton de Langogne.

(7) Commune du canton de Ste Enimie (Lozère).

Compte rendu par M. Parat, commis de M. Tardif, receveur des tailles du diocèse.

Fin de 1587.

(Archives du département de la Lozère, Série C. 1353.)

(INÉDIT)

*Compte que rend à vous, Monseigneur l'Evesque de Mende, comte de Gévaudan, et Messieurs les commis des Estats particuliers du présent diocèse, scindic, commis et députés, Pierre Parat, commis de M*e *François Tardif, receveur dudit diocèse, pour le maniement par luy faict de ladite recepte pour l'année du présent compte mil cinq cens quatre-vingt-sept, tant des deniers de l'ayde, octroy, deniers ordinaires que creue, deniers extraordinaires, imposés en ladite année suivant les assiettes et despartements sur ce faictes, sauf à reprendre et desduire d'icelles les parties et sommes deues par les villes et lieux occupés et refusant à paier, desquelles il n'a peu lever ny faire aucune recepte, à cause de la contagion, ruyne et pauvreté des habitants dudit païs ayant esté du tout ruynés à cause du passage et séjour de ladite armée, et aussi les inhibitions et interdictions à luy faictes de lever suivant et en vertu de.... (sic) mil cinq cens quatre-vingt comme il est notoire à ung chacun.*

RECEPTE.

Se charge et fait recepte ledit Parat rendant compte de la somme de sept mil huict cens cinquante-sept escus, vingt-six sols, cinq deniers oboles, contenus en l'assiette ordinaire faicte en ladicte année mil cinq cens quatre-vingt-sept, sauf à bailler en reprinse cy après pour deniers comptés et non receus en la despense du présent compte les villes et lieux occupés et autres qui ont refusé paier et intenté procès, et autres aussi causant la grande contagion, famine, malladie et pauvreté advenues aux pauvres habitans à cause de ladite armée et contagion depuis advenue dont s'en est ensuivy grande mortalité d'habitans et plusieurs ravaiges de bestail faict par les ennemis, rebelles à Sa Majesté...., aussi l'interdiction faicte audit receveur par ladite assemblée tenue à Serveyrette dont par ce moien il n'a peu lever, et en doibt estre et sera par vous, Messieurs, deschargé suivant la teneur de son contract et bail de recepte faict et passé avec ledit païs en ladite somme de... $VII^m VIII^c LV^{ol} XXVI^s V^{d.o.}$

Comme aussi se charge ledit Parat de la somme de neuf mil trois cens quatre vingt escus quinze sols trois deniers obole, imposée par Messieurs des Trois Estatz dudit païs, commis, scindic et députez pour l'année dudit présent compte, et ainsi qu'il est contenu en ladite assiette extraordinaire faite en ladite année sauf aussi à reprendre lesdites villes et lieus occupez que aultres refusans à paier, causant ladite contagion de la maladie et peste, grande famine et pauvreté dudit païs et aussi les inhibitions à luy faictes en l'assemblée des Estats tenus à Serveyrette dont à ceste occasion il doit estre deschargé suivant sondit contrat de recepte...... IX^{m}III^{c}IIII^{xx} escus XV^{s}III$^{d.o.}$

DÉPENCE DU PRÉSENT COMPTE

I. Deniers ordinaires.

(avec dépence des frais de l'assiette ordinaire)

1°........................... II^{m}VIII^{c}XXVII^{e}XXX^s
2°........................... IIII^{xx}VII^{e}1^l

II. Deniers extraordinaires.

(Avec dépence faicte suivant l'assiette extraordinaire et suivant les ordonnances de Nosseigneurs les trésoriers généraulx de France en Languedoc qui ont permis estre imposé la présente année).

1° A M. de Saint-Vidal pour sa charge de gouverneur..................... IX^{c}XXVI^{e}XXVII^{s}II^d
(On n'a pu lui donner les XII cens escus qui lui reviennent pour son estat de gouverneur).

2° A noble André Baldit, lieutenant du prévot des maréchaux au présent païs.................... II^c escus.

Total.................... XI^{c}XXVI^{e}XXVII^{s}II^d

3° A 10 archers dudit prévost et M^{tre} Jean Bastit, commis du greffe.. IIII^{c}LXIe V^s

4° A Claude Didier, geollier du prévost de la présente ville....... L.VI^{e}XXXVI^{s}IX^d

5° A Mr Brugeyron, vicaire général de Monsieur de Mende...... c escus

Total........................ VI^{c}XVIII^{e}XXVI^{s}IX^l

A Monsieur de Bressolles, substitut du commis des nobles dudit pays, la somme de quarante escus (pour ses gages).................... XL escus.

A M⁰ Robert de Chanoilhet, scindic dudit pays, (pour ses gages), la somme de..................... LX —

A M⁰ Gilbert Bessenc, substitut dudit sieur scindic (ses gages dê la présente année)................. XXI —

A M⁰ Barthélemy de Roquolles, premier consul (ses gages)........ XXXIII —

A M⁰ Jehan Bastit, commis de M⁰ le greffier Brugeyron.......... LXVI —

Total, a payé............. II^cXX escus.

A M⁰ Gaspar du Plan, receveur de l'imposition, pour l'entretènement de 10 cuirasses et 20 arquebusiers à cheval ordonnés estre mis en la présente ville par commission de Mgr de Joyeuse, pour tenir en seureté les habitants dudit païs....... III^cXXIII^eL^sVIII^d

A M. Loys Chevalier, (pour son remboursement de la suppression de son office de receveur des tailles dudit païs)....................... VI^cLXVI^eII^l

Total............ IX^cIIII^{xv e}XXX^sVIII

Total des pages suivantes :

A esté payé............. XV^cLXIII^eXXXVI^sII^d

— .... XXII escus XX^s

— .... LXVI escus l^t

— .... XXXIII escus.

La despence de ce chapitre... III^mVI^cXLII escus IX^z

Despences faictes suivant les ordonnances de Messieurs les commis, scindic et députés pour les expresses affaires du pays.

(Voyages pour les affaires du païs).

A esté payé............		LXVIII escus
—	....	III^{c}XLVI escus XXXI^s
—	....	LVII escus XV^s
—	....	V escus XXV^s
—	....	II^{c}V escus XVIII^{s}III^d
—	....	LXXV escus XXIX^s
—	....	VI^{xx}XV escus XX^s
—	....	LXII escus
—	....	XIX escus XXX^s
Total de ce chapitre........		M.IIII^{xx}X^{e}LIII^{s}III$^{d.»}$

Despence extraordinaire faicte pour le paiement de la garnison de la ville de Mende en vertu et suivant les rôlles des montres et ordonnances de Messieurs les commis, scindic et députés.

Assavoir: Au cappitaine Gibrat, commandant pour le service du Roy en la ville de Mende et à 80 hommes de guerre, arquebusiers à pied establis en garnison dans ladite ville (entretènement durant le mois d'avril 1587)................. III^{c}XX escus

Durant le mois de mai..... III^{c}XX escus

Au même pour 100 hommes de guerre : juing............ III^{c}IIII^{xx}XVI escus

juillet............ III^{c}IIII^{xx}XVI escus

aoust............ III^{c}IIII^{xx}XVI escus

septembre (un reliquat à lui dû)............... VIII^{xx}X escus

Payé pour l'entretènement de 50 arquebusiers à pied.... IIII^{c}XXXIII escus

Total de ce chapitre..... II^{m}IIII^{c}LXXIII escus XX^s

Despence extraordinaire faite par ledit Parat durant l'année du présent compte pour le recouvrement des deniers de sa recepte (grandes difficultés pour le recouvrement).

On lui paiera.............. XLVI escus XL sous.

Total des despances allouées aux chappitres précédents des extraordinaires : huict mil deux cens cinquante deux escus, cinquante-quatre sols

VIII^{m}II^{c}LII escus LIII sols.

Gaiges du receveur . VI^{c}VI escus XXII sols VI deniers.

Autres deniers comptés et non receus, que baille le comptable au païs pour n'en avoir peu faire aucune levée, tant à l'accasion des oppositions, appellations, empeschemens qui lui ont esté donnés, tant par la voye de la justice, délibérations d'Estats tenus à Serveyrette, que aussi n'ayant libre accès, causant l'injure du temps, pauvreté et misère du païs, que pour estre ces paroisses hors l'obéissance du Roi et dont il est impossible lever sans la force d'une armée.

Et premièrement, pour le faict du Roy.

Ordinaire.

Marvejols ruyné................ II^{c}XLIX^{e}I^{s}IIII^d

Chirac .... IIII^{xx}V^{c}XXXV^{s}VI^d

Le Rozier................... XIIII^{c}XII^{s}II^d

St-Letger-de-Peyre............	XLVII^{e}XLVII^{s}II^d
St-Salveur-de-Peyre..........	XLIII^{e}XLVII^{s}II^d
Barre........................	XXXIIII^{e}IIII^s
Les Rousses.................	XLVIII^{e}VI^{s}VIII^d
Cocurès......................	X^{e}XXV^{s}IX^d
Bédouès.....................	X^{e}XXXIII^{s}VIII^d
St-Jean de Gabriac...........	XXVII^{e}LV^{s}IIII^d
Frutgères....................	XLV^{e}XXIIII^s
St-Flour de Pompidou........	LII^{e}LV^{s}VI^d
Florac.......................	IIII^{xx}XVII^{e}XLIX^{s}VII^d
St-Martin de Bobaux.........	LXII^{e}XVI^{s}X^d
Grisac-Fressinet.............	LVI^{e}XXIIII^{s}VI^d
St-Laurent-de-Trève.........	XVIII^{e}XLIII^s
Montvaillant	XIII^{e}II^{s}II^d
Basse Canorgue (1)...........	XXX^{e}XXIX^{s}V^d
St-Romans de Tusque........	LXVIII^{e}XL^{s}X^d
Le Bosquet..................	IX^{e}XXXV^{s}I^d
Balmes, près Barre...........	XXIIII^{e}XXII^{s}V^d
St-Martin de Cancelade......	XXVII^{e}XXX^{s}II^d
Vébron......................	LXI^{e}LI^{s}IX^d
St-Estienne-de-Valfrancesque...	CIIII^{e}XXXVI^{s}V^d
Cassanhas...................	XXIX^{e}X^s
Sainct-Germain-de-Calberte ...	IIII^{xx}IX^{e}XXII^{s}X^d
Chambon de Dèze............	XLII^{e}LI^{s}X^d
La Melouze..................	XX^{e}XXXII^{s}IX^d
Clerguemort	VIII^{e}XXXVIII^{s}II^d
Sainct-Frézal-de-Ventalon....	XX^{e}IX^{s}VI^d
Sainct-André-de-Lancize	XXXV^{e}XLIII^{s}VI^d

---

(1) Aujourd'hui hameau de la commune de Molezon, canton de Barre, arrondissement de Florac.

Sainct-Michel-de-Dèzes..........	XXVIII^{e}LVII^{s}IX^d
Sainct-Juillien-des-Pointz.......	XX^{e}XXXVII^{s}VIII^d
Bellegarde Randon............	IIII^{e}XLVI^{s}IX^d
Sainct-Hillaire-de-Lavit........	XXXVIII^{e}XXIIII^{s}VI^d
Total des trois pages (1)........	IIII^{c}XLVI^{e}XXIII^{s}X^d VIII^{c}V^{e}VIII^{s}V^d III^{c}IIII^{xx}VII^{e}XLII^{s}XI^d

Autre reprinse de la terre épiscopale, baillée par Claude de Lestain, receveur, audit rendant compte.

Ordinaires : XXVIII escus LV sols V deniers.

Totale reprinse de l'assiette ordinaire : seitze cens soixante-quatre escus, cinquante sols, quatre deniers oboles	XVI^{c}LXIII^{e}L^{s}IIII$^{d.ò}$
Totale despance de l'assiette ordinaire : deux mil neuf cens quatorze escus, cinquante sols........	II^{m}IX^{c}XIIII^{e}L^s

Somme, despance et reprinse : quatre mille cinq cens soixante-dix-neuf escus, quarante sols, quatre deniers oboles.

Et la recepte monte : sept mille huict cens cinquante-sept escus, vingt-six sols cinq den. ob.

---

(1) Cette énumération occupe trois pages du manuscrit. Toutes ces localités, situées actuellement dans le département de la Lozère étaient, les unes ruinées, depuis l'expédition de Joyeuse, 1586 (Marvejols, Chirac, St-Sauveur-de-Peyre et Saint-Léger-de-Peyre), les autres peuplées de Réformés, et comme telles, avaient leur organisation financière distincte.

Par ce doibt le comptable trois mil deux cens soixante-dix-sept escus, trente-six sols, ung den. ob.

Faict et arrêté le XXI X^bre M.V^cIIII^xxXIII.

(Suivent les signatures des membres de l'assemblée d'assiette).

Autres deniers comptés et non receus que baille ledit comptable pour le faict des deniers extraordinaires de l'année du présent compte.

IIII^cXXVIII escus XI sols VIII den. ob.
IX^cXLV escus XVIII sols IX den.
V^cLXIII escus XXXVII sols VII den.

Autre reprinse de la terre épiscopale des deniers *extraordinaires* que baille Me Claude de Lestain, receveur, audit Parat.......... XXV^cXXIX^s I^d.o.

Somme totale de la reprinse des deniers extraordinaires : dix-neuf cens soixante-deux escus, trente-sept sols deux deniers oboles................. XIX^cLXII^eXXXVII^sII^d.o.

Le total despance du présent compte des deniers extraordinaires compris les gaiges du recepveur, suivant son contract : huict mil huict cens cinquante-neuf escus, dix-sept sols, sept deniers oboles .... VIII^mVIII^cLIX^eXVII^sVII^d

Total despance et reprinse... X^mVIII^cXXI^eLIII^eIX^d.o.
La recepte monte.......... IX^mIII^cIIII^xxX^eXV^eIII^d.o.
Par ce est dû au comptable

pour avoir plus fourni que re-
ceu.......................... XIIII^{c}XLI^{e}XXXIX^{s}VI$^{d.o.}$

Pour les ordinaires le Rece-
veur doit.................... III^{m}II^{c}LXXVII^{e}XXIV^{s}I$^{d.o.}$

Pour les extraordinaires on
lui doit..................... XIIII^{c}XLI^{e}XXXIX^{s}VI$^{d.o.}$

Différence : le receveur comptable ne doit de net au païs que dix-huit cens trente-cinq escus cinquante-sept sols, pour la recepte qu'il a faicte en la dite année 1587.

Faict et arresté à Chanac ce xxII^e décembre mil v^c quatre-vingt-treize.

(Suivent les signatures).

Instructions adressées par M. de Saint-Vidal a MM. des Etats du Gévaudan.

14 janvier 1587.

(Archives départementales de la Lozére, Série C. 1794).

Le 14 janvier 1587, M. de Saint-Vidal, qui se trouvait au Puy, adressa des instructions et des mémoires à MM. les députés des Etats du Gévaudan, qui devaient se réunir le lendemain. Ce gouverneur s'excuse de ne pouvoir se rendre à l'assemblée, occupé qu'il était, disait-il, à « repurger le pays de Viveroys et Velay, dont la pluspart des villes et places sont sont occupées par les rebelles ». Il aurait interpellé à leur ordre et assistance ceulx des pays de Lionais,

Forès, Velay et aultres pour obtenir ce résultat ; à cet effet on devait s'assembler en la ville de Lyon (1).

Le sieur de Saint-Vidal « tiendra pour persuader en la dicte conférance qu'on commence à la reduction des villes de Florac et Villefort dont on entre de ce cousté là audict Viveroys ». Il est d'advis estre fort à propos que lesdictz sieurs de ladicte assemblée des Trois Estatz audict Mende, delleguent quelqu'un d'entre eulx pour venir audict Lion, audict effaict, et si rendre le 24 du présent, en ce lieu (du Puy) pour en partir et faire ledict voyaige avec lesdictz sieurs delleguez de ce pays, pour y negotier et faire les affaires de ce qui se pourra espérer, pour ayder à l'exécution de son bon service ».

Il ordonne ensuite « de conserver la ville de Mende par garnisons ou garde bourgeoise des habitans, sans oublier la ville du Malzieu, qu'on prevoys estre en dangier de retumber entre les mains des rebelles pour le peu d'habitans qu'il y a ».

« Quant aulx chasteaux et aultres maisons fortes, appartenantz aulx gentilzhommes et aultres particuliers dudict pays, Sa Magesté y a proveu, ordonnant par ces lettres patentes, sur ce envoyées audict sieur de Sainct-Vidal, qu'elles soyent gardées aux despens des propriétaires, toutesfoys avec l'ayde de la garde personnelle de ceulx qui dépendent de leur justice et qui sont tenus à ce faire, sans exiger d'eulx que ladicte garde personnelle ».

---

(1) M. de Saint-Vidal assista, en effet, peu de temps après, à l'assemblée de Lyon.

Arrêt du Parlement de Toulouse relatif au procès de la Sénéchaussée.

3 mars 1587.

(Arch. du Parlement de Toulouse. Arrêts. Reg. B. 105bis f° 22).

(INÉDIT.)

Mardi 3 mars 1587, en la grand Chambre, présents : Messieurs de Sabatier y présidant comme plus ancien conseiller lay, Calmels, Percin, Gargas, Prohenques, Rességuier, Assezat, Caumels, de Lacoste, de Laroche.

Entre le procureur du Roy, suppliant et demandeur en déclaration de peines, d'une part ; et Maitres Jean Dumas, André et Robert de Chanolhet, pourveuz par le Roy des estatz de lieutenant principal, conseiller et advocat dudit seigneur, en la Sénéchaucée de Gévaudan, assignez et défendeurs d'autre.

Veuz les plaidoyez du 15 avril dernier 1586, requestes présentées par le dit procureur général du Roy, les 11 mars et 21 aoust 1585, et exploictz des injonctions et commandemens faicts en vertu des appoinctemens des dites requestes aux dits défendeurs ; autre requeste présentée par icelluy procureur général, le 20 febvrier dernier, mise au sac, et autres productions des parties.

Il sera dict que les dits Dumas et Chanolhet viendront devers la Court présenter leurs lettres de don et provision qu'ils ont obtenues des dits offices, et poursuivre leur réception en icelle dans le mois après l'inthimation de cest arrest, à peine de cinq cens escus, laquelle, à faulte de ce faire, et passé le dit délay, leur est à chacun d'eulx, dès à présent comme pour lors déclarée, et en sera expédié redde.

DE SABATIER, DE LA ROCHE, *signés.*

EXTRAIT D'UNE LETTRE D'ADAM DE HEURTELOU AU ROI HENRI III. APRÈS AVOIR DEMANDÉ A SA MAJESTÉ D'USER DE BIENVEILLANCE A L'ÉGARD DES NOUVEAUX CONVERTIS DE MARVEJOLS, LE PRÉLAT SE DÉCLARE ENNEMI DE LA LIGUE.

25 mars 1587.

(Archives départementales de la Lozère, Série C. 1797).

On lit en post-scriptum :

« Sire, il y a grand bruict du remuement de la Ligue par deça. Pour Dieu, qu'il plaise à vostre Majesté nous fère entendre vostre bon voulloir et commandement pour certaines importantes considérations d'éviter des surprinses à ceste pauvre ville de laquelle deppend tout vostre païs de Gévaudan. Car tous les habitans et citoyens, vos bons subjects ont juré entre mes mains de vivre et mourir en l'obéissance de vostre Majesté, comme ilz doibvent employer leur vie pour s'opposer à telles entreprinses (1). »

---

(1) Extrait du *Bulletin* de la Société d'agriculture de la Lozère, année 1887, page 306.

Inventaire des pièces communiquées a Mre Bernard d'Angles, syndic du diocèse de Mende.

24 avril 1587.

(Archives départementales de la Lozère, Série G. 917).

(INÉDIT)

Inventaire des pièces que Messire Jean Paradis, avocat de Mre Vidal Martin, conseiller du Roi et juge en la Sénéchaussé de Mende, en Gévaudan, et Pierre Noir, fermier et commis au greffe de la dite Sénéchaussée, communique à Mre Jacques Maréchal, avocat et conseil de Me Bernard d'Angles, chanoine en l'église cathédrale de Mende, prétendu syndic du clergé du dit lieu, et Messire Adam, évesque du dit Mende, demandeur, suivant l'apointement en droit du vingt-troisième jour de ce présent mois de mars, signé de M. Boucher, conseiller du Roi, maitre des requêtes ordinaires de son hostel, commissaire en ceste partie, sommant le dit Mareschal communiquer de sa part.

Premièrement : communique 9 pièces attachées ensemble. La première est copie de lettres obtenues par ledit syndic, le 23e décembre 1585, collationnées à l'original par Bessain et Bardon ; et au bas sont les exploits de signification et assignation audit défendeur des dix-neuvième et vingtième janvier 1586, signé Maurin, contenant quatre feuillets de papier escript.

La deuxième est l'arrêt du Conseil donné sur les dites lettres le xxiii mai 1586, signé Bourdin.

La troisième est un cahier de quatre feuillets de papier escrit, auquel sont contenues copie d'un arrêt du conseil privé du Roi avec commission sur icelluy du huitième jour d'aoust, et deux exploits des xi et xii novembre audit an, signés pour copie, Jicquet.

La quatrième est une attestation judiciaire en parchemin du xxvi° du dit mois et an, scelé de cire verte et signé Cailar, Barthélemy, de Roquoles, Vacher, Clément, Levieult, Martin, Baron et Jicquet.

La cinquième est une copie d'extrait de la présention des demandeurs du xxiv février, an présent, et exploit de signification du xxv dudit mois, signé Maners.

La sixième et septième sont congé, sauf huitaine, et de son gré pur et simple, obtenu par les défendeurs les xi et xxi du dit mois de février audit an, signé Meliand.

La huitième est la demande de profit des dits commissaires, inventaire signé par collation supposée pour demande de conseil Serralier, contenant cinq feuillets.

La neuvième est certificat du xxiv° dudit mois et an, signée de Neufville.

Et sont les susdites neuf pièces cottées A.

Item ce présent inventaire cotté B.

Pour copie de communication :

SERRALIER.

Le 25° jour de mars 1587, les pièces contenues au présent inventaire ont été baillées et laissées pour communication à Mᵉ Jacques Mareschal, avocat et conseil des parties adverses, par moi huissier au grand conseil soussigné :

MANDOSSE.

Le 24ᵉ jour d'avril mil cinq cent quatre vingt-sept a été sommé Mᵉ Jacques Mareschal, avocat et conseil de partie adverse en parlant à sa personne en son hostel et domicile de rendre les pièces mentionnées au présent inventaire, lequel obéissant à ladite sommation a rendu les dites pièces. Fait par moi huissier ordinaire du Roi en son grand Conseil soussigné :

GUEDON.

Ordre aux officiers du Bailliage de Gévaudan de déposer dans le procès de la Sénéchaussée.

15 mai 1587.

(Archives départementales de la Lozère, Série G. 917)

(INÉDIT)

Comparans par devant nous Jehan Chaudon, conseiller du Roy en son Conseil d'Estat et privé, commissaire député en ceste partie, Messire Bernard d'Angles, chanoine et scindic de l'église et clergé du diocèse de Mende et Messire Adam de Heurtelou. évesque dudit Mende, comte de Gévaudan, joinct demandeurs par Mᵉ Jacques Mareschal, leur advocat et conseil d'une part et le scindic dudit païs de Gévaudan (1) par Mᵉ Hyérome Leroy, notaire et secrétaire du Roy, et les officiers du Baillage du Gévaudan par Mᵉ Zacarie Mauger leurs advocats et conseils déffendeurs, d'aultre part.

Après que par ledit Maréchal au dict nom a esté requis à ce que lesdicts syndic dudit païs et officiers dudit baillaige ayent et soient receus à intervenir en l'instance pendante audit conseil entre ledict Dangles scindicq de ladite église et clergé et Messire Adam de Heurtelou évesque audit Mende d'une part, — et Mᵉ Vidal Martin, juge-mage en la Sénéchaussée dudit Mende et Pierre Lenoir, commis au greffe de ladite Sénéchaussée, pour y desduire leurs moyens et intérest, attendu que ceste cause regarde le bien publicq et l'intérest particulier des dits officiers du dit Baillage, — et en cas de refus d'intervenir, proteste contre eulx de tous despens dommaiges et intérests pour les raisons qu'il entend plus amplement desduire par ses escritures.

Et que par lesdits Le Roy et Maugier a esté dict que ayant eu communication des pièces dudict procès pour auquel intervenir ils sont appellés, ils interviendront volontiers en iceluy et desduiront leurs moyens et intérests, ce qu'ils ne peuvent aultrement faire.

Nous, partyes ouyes, avons ordonné que lesdits scindicq dudit pays et les officiers dudit baillage seront receus à intervenir en ladite instance d'entre les dits ecclésiastiques d'une part, et ledit Mᵉ Vidal Martin, juge-mage, d'aultre et que ayant les dits ecclé-

---

(1) C'est-à-dire M. de Chanolhet.

siastiques et juge-mage produict suivant l'apoinctement donné entre eulx lesdits scindic du Gévaudan et officiers dudit baillage auront communication des dites productions pour desduire leurs moyens d'intérest dans trois jours après ladite production pour du tout venir devers nous faire rapport audit conseil affin d'y ordonner ce que de raison.

Faict à Paris le 25 may 1587.

VILLENEUVE, pour lesdits s^r évesque et scindic. — MARESCHAL. — LEROY. — BRUGUEIRON, pour les affaires du bailliaige. — MAUGIER.

LETTRE DE MONTMORENCY-DAMVILLE (1) A ADAM DE HEURTELOU.

16 juillet 1587.

(Archives départementales de la Lozère, Série G. 61).

(INÉDIT)

Monsieur de Mende,

J'ay esté fort aise d'entendre par la vostre (2) le désir que vous avez au soulaigement du peuple et bien et re-

---

(1) Montmorency-Damville, gouverneur disgracié du Languedoc depuis 1585, était alors le chef des Politiques et l'allié des Réformés. Il avait, en Gévaudan, de grands intérêts, car sa femme, Antoinette de la Mark, était baronne de Florac.

(2) Nous n'avons pu retrouver la lettre à laquelle Damville fait ici allusion.

pos du pays et de donner quelque commancement de paciffication à ceux de vostre diocèse avec mes subjectz de Florac et avec leurs voisins. Il n'y a pas faulte de plainctes d'un costé et d'aultre. Car ils ont été commis faire. . . . sur mes pauvres subjectz et sur les aultres de mon obéyssance que je ne sais comme ils ont moyens de subsister. Je pense du moins que s'il leur advient de fère quelques courses, c'est plutôt pour se garantir des oppressions qu'on leur faict que pour endommaiger aultrui. Je ne vouldrais pas qu'aulcune de mes maisons (1) non plus que aulcun lieu de mon obéissance servit de retraiete à ceulx qui font les ravaiges et excès que me mandez ; et m'estant informé du meurtre commis en la personne des troys muletiers j'ay vériffié, à ce qu'on m'a rapporté, qu'ils avoient esté thuez par des soldats de vostre party qui traffiquent par foires à Ispaignac. Touteffois, pour vous monstrer comme je désire pourveoir à tels désordres j'ay faict une recharge à mes officiers de Florac pour en faire une plus exacte recherche et me tenir adverty de ce qu'en aura esté trouvé, pour, si le cas en échoit, en fère fère telles pugnitions qu'elles servent d'exemple à tous. Et recevray avec beaucoup de contentement que vous m'en continuerez les advertissements lorsque les occasions s'en présenteront.

Je serays aussi très aise de tascher par quelques conférences ramener au giron de Ste Mère l'Esglize ceulx de la Religion prétendue réformée, si cela pouvoit appor-

---

(1) Allusion aux possessions de sa femme, Antoinette de la Mark, en Gévaudan.

ter quelque ouverture à la paix publicque. Mais il y a fort peu d'apparence que ceste guerre procède de la diversité des religions; c'est à l'état du Royaulme, aux princes du sang et aux fidelles subjects du Roy qu'on s'attaque et non à la religion de Calvin. A quoy, oultre l'intérest particulier que j'y ay, ma qualité et le rang que je tiens en la France, m'obligent d'emploier tous mes moyens pour le service de Sa Majesté, manutention de la Couronne et des bons subjects de Sa dite Majesté; car, quant au faict de la religion, il n'y a homme de bien qui puisse doubter du du zèlle que j'ay eu et auray toute ma vie à l'establissement et advancement de la Religion catholicque, appostolicque et romaine, comme les effects en font preuve, notamment ayant conservé les évesques et aultres personnes ecclésiastiques dans le pays de mon obeissance en toute asseurance et exercice de leur religion, avec la jouissance de leurs biens, et les ay tellement asseurés, qu'ils sont en seurté dans les villes de ceulx de la Religion prétendue, y administrant les les Saincts Sacrements et instruisant le peuple à leur grand contentement. Ceulx qui se sont retirés et distraits de l'obéissance du Roy et de mon commandement n'ont pas mieulx faict pour eulx et beaucoup pis pour leurs pauvres esglises.

J'ay escript au sieur de Montbrun (1) comme aux aul-

---

(1) M. de Montbrun était un gentilhomme du Gévaudan qui, lors de l'expédition de Joyeuse (août-septembre 1586), avait avancé certaines sommes d'argent « en la négociation de la réduction du chasteau de la Garde ». (Instructions adressées par M. de Saint-Vidal à MM. des Etats du Gévaudan, 14 janvier 1587. — *Bulletin* de la Soc. d'agric. Lozère, année 1887, pp. 295 et 296).

tres gentilzhommes et chefs du hault et bas Gévauldan qu'ilz prennent garde dorénavant que la guerre se faict plutôt entre les gentilzhommes et les soldats que contre les laboureurs, païsans et muletiers. Je m'asseure qu'ilz obéyront à mon commandement, mesme si de vostre part vous tenez la main à ung semblable règlement.

J'ay aussi commandé le maintien de votre bénéfice de Saint-Martin-de-Lansuscle(1), comme en tout aultre endroict je vous feray paroistre les effects de ma bonne vollenté ; et, pour la fin, après m'estre recommandé de tout mon cœur à vostre bonne grâce, je prieray Dieu, Monsieur de Mende, vous avoir en la sienne.

16e jour de juillet 1587.

Votre bien affectionné et parfaict amy,

MONTMORENCY (2).

---

(1) St-Martin-de-Lansuscle, aujourd'hui petite commune du canton de St-Germain-de-Calberte, (arrondissement de Florac) était terre épiscopale. Consulter sur les droits de l'évêché dans la paroisse de Saint-Martin-de-Lansuscle les Archives départementales de la Lozère, Série G. 615 à 665.

(2) Signature autographe.

EXTRAIT D'UNE LETTRE DE M^r DE MENDE A M. DE PRINSUÉJOLS, SECRÉTAIRE DE L'ARCHEVÊQUE DE BOURGES (1), CONTRE M. DE SAINT-VIDAL, GOUVERNEUR DU GÉVAUDAN.

29 août 1587.

(Archives départementales de la Lozère, Série C. 1791). (2)

« . . . . Je vous prie d'obtenir un arrêt du Conseil d'Etat du Roy, portant deffences de ne plus molester mes habitants et diocésains, non plus que mes officiers. . . . Je vous prie dire à M. de Villeroy que j'ay ma conscience si nette en toutes choses, que je ne craindrai de me présenter toutes et quantes fois qu'il luy plaira pour faire cognoistre les impostures accoustumées dudit sieur, (3) qui tourneront enfin, par le vouloir de Dieu, à sa confusion et honte. Cependant, suyvant votre bon conseil, je me conserverai au moins mal que je pourrai contre ses entreprinses. . . . »

P. S. — . . . . Je vous envoie une lettre que j'escripts à Sa Majesté et à M. de Villeroy sur les beaux mesnaiges de M. de Saint-Vidal, à cachet ouvert, pour la présenter si voiés que bon soit.

---

(1) Renaud de Beaune.
(2) Extrait du *Bulletin* de la Soc. d'agr., Lozère, 1887, p. 324.
(3) De Saint-Vidal.

Mandement d'Adam de Heurtelou relatif a l'officialité du diocèse de Mende.

(Nomination de Me Syméon, curé du Malzieu, comme Lieutenant de l'official de Mende dans le Haut-Gévaudan).

18 septembre 1587.

(Communiqué par M. André, archiciste).

(INÉDIT)

Adam, par la permission divine, évesque et seigneur de Mende, comte de Gévaudan.

Le long temps qu'il y a que nos prédécesseurs n'ont faict aucune résidence (1), tant à l'occasion des troubles, que pour estre appellez et retenus par le Roy en son Conseil (2), a esté cause ensemble l'occupation que faisoient les hérétiques de la pluspart des villes et places de notre diocèse, que les ecclésiastiques pourveuz des bénéffices, ayant charge d'ames, et aultres ont eu, à ceste mesme occasion, peu de moyens de fère résidence en leurs dits bénéffices, pour donner la pasture spirituelle au peuple, que nosdits prédéces-

---

(1) Dans une requête présentée par les consuls de Mende à Renaud de Beaune, prédécesseur d'Adam de Heurtelou, et datée de la fin de l'année 1583, on lit : « Ils vous supplient très humblement, puisque, *depuis quinze ans qu'il a pleu à Dieu vous ordonner sur eulx, pour prélat et pasteur, ilz n'ont peu jouir que durant ung mois du fruict de votre présence*, laquelle eust, par sa providence, zèle et bonne affection, détourné d'eulx l'orage de tant de malheurs et tristes accidens... ». (Extrait du *Bulletin de la Société d'agriculture de la Lozère*, année 1887, page 96. — Archives de la ville de Mende, FF. 6).

(2) Au XVIe siècle les évêques de Mende, comtes du Gévaudan, étaient conseillers du Roi.

seurs et nous leur avons commis, et aussi l'indeue occupation, pendant ce temps de misère et affliction de laquelle il a pleu à Dieu visiter son Eglise, d'une bonne partie des beneffices de notre diocèse par personnes séculières soubs le nom emprunté de certaines mausdictes personnes d'église qui volontairement contre les saintes constitutions canonicques prestent leur nom aux dits séculiers pour porter les dicts bénéffice, et néantgmoins ne font aulcun debvoir, comme aussi ils ne le peuvent faire estant excommuniez; et soubz leurs dicts noms les dits séculiers jouyssent des dits bénéfices tout ainsin que de leur domaine et particulier et profane et comme tels à l'exemple de Simon Magus (1) les acheptent, vendent et en disposent à leur dampnation, comme il leur plaist, aliènent les droitz et revenus patrimoniaulx de l'Eglise de Dieu, laissent tumber les dites églises, maisons et édifices des dits bénéfices en ruyne, les font démolir pour en bastir leurs maisons profanes, se font paier leurs dixmes et aultres droicts deux ou trois fois et en disposent ainsin comme il leur plaist, à la ruyne de l'Eglise de Dieu, du paouvre peuple et à leur dampnation. Et si cette malédiction a lieu en la pluspart des endroicts de nostre diocèse, les dits ecclésiastiques à l'occasion de l'injure du temps se sont d'ailleurs tellement laissés corrompre et aller à une meschante et damnable vie que, oultre qu'il y va de la perte de leurs âmes, aussi l'escandale publicq est très grand, par ung mauvais exemple à ceux que nous recevons et promouvons au ministère de l'é-

---

(1) Simon le Magicien.

glise par nos sainctes consécrations et impositions, et aussi audict peuple.

Pour à quoy remédier à la descharge de notre conscience, nous avons naguières pourveu vénérable et scientifique personne, Me Pierre Bernier, docteur ez-droicts, notre official ; mais d'aultant qu'il ne peult vacquer à l'instruction des procès contre les coulpables des crimes cy dessus ez endroicts mesmes qui sont limitrophes de notre diocèse, désireux que nous sommes sur toutes choses de veoir dès nostre advènement, après tant de bénédictions qu'il a pleu à Dieu nous donner, de nous delibvrer de la rage et barbarie des dits hérétiques au quartier de la ville du Malzieu, St-Chély, St-Auban, Saulgues, terre de Peyre, Serverette, Marvéjols et aultres endroicts (1), estans duement informé de la doctrine et suffisance de nostre cher fils en l'Esglize de Dieu, Me Syméon, bachelier en théologie, curé de ladite ville du Malzieu, l'avons commis et institué, commectons et instituons lieutenant en notre dicte officialité és-endroicts cy-dessus pour informer des ditz abuz et mauvaise vie de nos dits ecclésiastiques ensemble de la contravention à l'observation des saints concilles de Trente, provinciaux et nos statuts synodaux, tant contre toutes personnes ecclésiastiques à bénéfices, soient prieurs, curés, chapelains, que tous aultres, et aussi contre les religieux soient des mandiants que des aultres ordres, en cas que les pères gardiens et prieurs conventuels ny voulussent pourvoir et remédier, et les personnes séculières ; laquelle instruction des dits

---

(1) Allusion à l'expédition de Joyeuse en Gévaudan.

procès ledit Siméon pourra faire jusqu'à sentence pour laquelle donner il sera tenu de renvoyer la dite instruction des procès pardevant notre dit official. Donnant en oultre pouvoir audit Siméon d'instituer de notre autorité ung ou deux promoteurs et tel homme d'église et clerc qu'il advisera bon estre, pour l'exécution de ses citations, appellations et ordonnances, et d'establir et commectre ung greffier de notre dicte officialité tel que bon luy semblera en ladicte ville du Malzieu qui sera tenu neantmoings trois mois après avoir lettres d'institution de nous, ensemble le dit promoteur afin que notre dite justice ecclésiastique soit exécutée selon le droict divin et canonique à l'honneur et gloire de Dieu, maintien, révérence et dignité de son Église. De ce faire nous donnons pouvoir et mandement spécial audit Siméon, mandant à notre dit official de recevoir icelluy Siméon audit estat de lieutenant de nostre dite officialité duquel serement et réception touttefois nous le dispensons pour le danger des chemins et de la peste et contagion, jusqu'à ce qu'il ayt pleu à Dieu, et luy donnons la cognoissance des matières et procès cy dessus, tout ainsin que s'il avoit presté ledit serement devant nous ou devant notre dit official.

Donné à Mende en nos maisons épiscopales, le 18⁰ jour du mois de 7ᵇʳᵉ, l'an mil cinq cens huictante-sept.

ADAM, *évêque de Mende* (1).

---

(1) La signature est de la main même d'Adam de Heurtelou. Ce document est intéressant pour l'étude de la situation du clergé en Gévaudan à cette époque. On peut le rapprocher des « Enquêtes pour le Syndic du Collège de Rodez contre le Syndic des Religieux de Chirac au Monastier », du 10 mai 1588, insérées plus loin.

EXTRAIT DE L'ARRÊT DONNÉ EN CONSEIL D'ÉTAT, LE 17 DÉCEMBRE 1587, POUR LE RÈGLEMENT DES JURIDICTIONS DU SÉNÉCHAL DE MENDE ET BAILLY, ET TENUE DES ÉTATS PARTICULIERS DU DIOCÈSE DE GÉVAUDAN.

17 décembre 1587.

(Archives du département de la Lozère, Série C. 794.)

(INÉDIT (1)

Entre Messire Bernard d'Angles, chanoine en l'église de Mende et syndic du clergé du diocèse du dit lieu, demandeur en lettre du 23e décembre mil cinq cent quatre-vingt-cinq en exécution d'arrêt donné par Sa Majesté en son Conseil d'Estat, le huitième jour d'août 1581, Messire Adam de Hurtellou, évêque du dit Mende, joint avec lui d'une part, — et Messire Vidal Martin, juge-mage et lieutenant général du Sénéchal dudit Mende, Messire Pierre Le Noir, commis au greffe du dit lieu, d'autre part.

Vu par le Roi en son Conseil les lettres obtenues par ledit d'Angles pour faire appeler au dit Conseil d'État les dits Martin et Le Noir pour répondre à la contravention faite par eux au contrat de Pariaige fait par le roi Philippe le Bel et l'évesque de Mende qui lors était, (2) et entreprises sur la juridiction du dit évesque et Cour commune du dit lieu, voir maintenir et garder le dit évêque en sa juridiction, — casse et dé-

---

(1) Copie du XVIIe siècle.
(2) Guillaume-Durant II.

clare nuls les arrêts donnés en sa Cour de Parlement de Thoulouse sur requête, au préjudice de la dite juridiction et ce qui avant a esté fait. — En conséquence d'iceux les avertissant par escritures des parties, arrest donné au Parlement de Toulouse le dix-septième mars mil cinq cent quatre-vingt-un, arrêt donné au Conseil d'Etat en sa dite Majesté le huitième jour d'août au dit an, par lequel sa dite Majesté en son dit Conseil aurait cassé, révoqué et annulé, comme attentat, le dit arrêt de la Cour de Parlement de Toulouse, lui aurait fait expresses inhibitions et défenses de prendre aucune connaissance du procès et différend des parties, copie collationnée à l'original de l'édit, contenant l'érection et création d'un siège de sénéchal, duquel la séance était en la ville de Mende, capitale, composé d'un juge-mage qui serait aussi lieutenant général, d'un lieutenant particulier, cinq conseillers, un avocat et procureur pour connaitre de toutes matières tant civiles, criminelles, que des conventions entre tous les habitants du haut et bas pays de Gévaudan, desquelles pouvait connaitre le sénéchal de Beaucaire et Nismes auparavant la dite création, sans toutefois énerver aucune chose de la juridiction du dit évesque et Chapitre du dit Mende et aultres ordinaires du dit pays, ni aussi de la Cour commune, les appellations de laquelle ensemble de la Cour royalle de Marvéjols et aultres ordinaires du pays ressortissant par devant le sénéchal ; et parlequel édit aurait esté donné pouvoir espécial au dit Sénéchal de juger la compétence ou incompétence du prévôt des maréchaux, et aurait été donné sur la vérification d'iceluy en la Cour de Parlement de Toulouse, du quatrième août au dit an mil cinq cent quatre-vingt-trois, par lequel le dit édit aurait été lu publiquement, enregistré, ce requérant le procureur général de Sa Majesté, et ouis tant le syndic du pays de Languedoc que l'évesque de Mende et officiers des Sénéchaussées de Nismes et du Puy, nonobstant choses alléguées au contrat, nomination faite à l'estat du juge-mage de la personne du dit Martin, par les Etats du dit pays de Gévaudan, arrêt du dit Conseil d'Etat du huit mars mil cinq cent quatre-vingt-quatre, entre le syndic du dit pays de Gévaudan, demandeur et requérant l'établissement du dit siège de Sénéchal et le syndic de la ville et diocèse de Nimes pour le Sénéchal et aultres officiers du siège présidial du dit lieu, l'évesque du dit Mende, le syndic de la noblesse du dit Gévaudan, les habitants de la ville de Marvejols et aultres, et le bailly du dit Gévaudan opposant, par lequel sa dite Majesté en son dit Conseil aurait ordonné que nonobstant les oppositions fournies par tous les susdits opposants, desquelles Sa Majesté les aurait déboutés, le dit édit d'établissement d'un siège de Sénéchal en la ville de Mende sortirait son plein et entier effet, et serait le dit Sénéchal au dit Mende en même autorité, cognoissance et juridiction qu'estait le Sénéchal du dit Nimes sur le dit Bailliage de Gévaudan seulement ainsi que les lettres de création le contiennent ; et le bailly qui est commun entre Sa Majesté et l'évesque du dit Mende connaitra toutes causes, et sur les mêmes personnes, comme il faisoit auparavant ledit édict, suivant le dit Pariaige d'entre sa dite Majesté et le dit évesque, et comme il en a ci-devant bien et duement joui sans préjudice aussi des causes des submissions des parties et des droits et reconnaissances d'hommages, et aultres droits appartenant au dit évesque de Mende suivant le Pariaige ; — autre arrêt donné au dit Conseil le vingt-troisième may mil cinq cent quatre-vingt-six par lequel les dits Messire Vidal Martin et Pierre Le Noir auraient été relaxés de l'assignation à eux donnée par vertu d'un congé par eux obtenu, extrait collationné aux originaux de plusieurs lettres patentes en forme de chartre ou confirmation de chartre, et même des lettres de chartre du roi Philippe le Bel, de février mil trois cent six, contenant l'association faite entre Sa Majesté et l'évèque de Mende pour lui et ses successeurs évesques, extraits des registres du Bailliaige de Gévaudan des années 1514, 1515, 1525, 1528, 1531, extrait de plusieurs commissions, assiettes et despartements des deniers du Roi faicts par le juge du Bailliaige, commissaire subdélégué par les trésoriers de France pour les années 1580, 1586, 1587 ; extrait d'assemblée des Etats du dit pays, articles et registres concernant les affaires d'icelui et des lettres patentes de Sa Majesté pour la connaissance des cas prévotaux avec extraits d'assiettes et despartement des deniers faicts en l'année 1585, requête présentée tant par les officiers de la Cour commune et syndic du pays que par les agents du clergé général de France pour être reçus à intervenir avec leurs moyens d'interventions ; autre requête présentée par le dit syndic de l'église et clergé de Mende et le dit Messire Adam, évesque et seigneur du dit lieu, à ce que l'appel interjecté par eux d'un apointement pour-

tant condamnation de dépens du congé cy dessus
mentionné fust joint au procès principal, sur laquelle
aurait été ordonné que le dit appel serait joint et les
pièces concercant iceluy mises ès mains du commissaire à ce député pour en jugeant y faire droict con-
jointement ou séparément ainsy que sa dite Majesté
en son dit Conseil verront être à faire.

Autre réquête présentée par Mes Jean Dumas et
Robert de Chanoulhet, pourveus savoir ledit Dumas
de l'office de lieutenant particulier et le dit de Chanoulhet de l'office d'avocat de sa dite Majesté en la
dite Sénéchaussée, pour être déchargés des dits états
et offices et s'en desmettre, d'autant qu'il leur est
impossible s'acheminer, à cause des troubles, en la
ville de Toulouse pour y faire recevoir la dite requête
de l'ordonnance du dit Conseil, mise au sac du dit
procès pendant pour raison de la dite Sénéchaussée
aux deux procurations passées par eux à mesme effect et tout ce que par les dites parties a esté mis et
produit par devant le commissaire député,

Ouï son rapport et tout considéré, le Roy en son
Conseil, sans avoir égard à l'intervention des dits
officiers de la dite Cour commune et agents du
clergé (1), ni aux avis donnés sur requête par la dite

---

(1) Voir, en appendice, les « Moyens d'intervention que mirent les agents du clergé général de France au procès pendant
au Conseil entre Messire Bernard d'Angles, syndic de l'église
et clergé, et Me Vidal, juge-mage en la Sénéchaussée nouvellement érigée à Mende ». (Arch. départ. de la Lozère, Série G.
917, inédit).

Cour de Parlement de Toulouse et renvoi requis en icelle par les officiers de la dite Sénéchaussée, a ordonné et ordonne que ledit siège de la Sénéchaussée establi en la dite ville de Mende, capitale du dit pays .... l'édit d'érection, arrest de vérification de la dite Cour et arrest donné par sa dite Majesté en son Conseil, sans qu'il y ait lieu de suppression, fait Sa Majesté défenses très expresses aux officiers du dit siège d'entreprendre aucune chose tant sur les droits particuliers du dit évesque et justice qu'il a en ses terres particulières et ceux de son clergé, que sur ceux de la juridiction commune du Bailliaige de Gévaudan, tels qu'ils sont portés par la dite Chartre du roi Philippe le Bel, et comme il en est bien deuement uzé.

Ordonne sa dite Majesté que la justice commune sera exercée sur toutes personnes, tant ecclésiastiques, nobles, que roturières, comme elle avait accoutumé avant l'érection du dit siège de Sénéchal. Réserve à Sa Majesté le ressort de souveraineté et a ordonné et ordonne sa dite Majesté que en l'assemblée des Etats du pays de Gévaudan le dit évesque de Mende, chef du clergé, et en son absence son vicaire général y présidera. Et si le Sénéchal de Mende ou son lieutenant par ordonnance de sa dite Majesté y aura quelque chose à proposer, il aura séance séparée suivant son rang et qualité, pour, la dite propositin faite, laisser aux députés des dits Etats la délibération ; et escrira aux dits Etats le greffier de la Cour commune ainsi qu'il avait accoustumé, et quand aux appellations qui seront interjetées des juges des seigneurs particuliers, suivant la dite Chartre, elles

seront relevées et ressortiront par devant le dit juge
de la dite Cour commune, et en cas d'appel de lui,
sera, suivant le dit Pariaige, aux choix des parties,
de les relever ou par devant le dit Sénéchal ou en la
Cour de Parlement de Toulouse, et pour le regard de
ce dont le dit siège de la dite Cour commune aura
connaissance en première instance comme juge ordinaire, attendu qu'il n'y a aucun juge d'appel ; et
pareillement quand aux appellations des officiers des
terres propres à sa dite Majesté et des officiers des
terres aussi propres au dit évesque, elles ressortiraient et seraient relevées par devant le dit Sénéchal
comme subrogé et establi au lieu de celui de Nimes
et Beaucaire, en dernier ressort à la Cour de Parlement de Toulouse ; et quand à l'enterinement des lettres de grâce et revenus attribués par les ordonnances aux juges présidiaux, quand à présent et jusqu'à ce
qu'autrement en ait été ordonné, la connaissance en
appartiendra au dit Sénéchal, comme aussi celle de
la compétance et incompétance des prévôts des maréchaux, et jugeant en dernier ressort des procès
faits et instruits par eux ez cas de leurs attributions,
appelle avec luy le lieutenant du bailly de Gévaudan,
le tout, jusqu'à ce que comme dict est...... estre
ordonné, et pour le regard des instances, possessoires et autres prétendus cas royaux, premièrement du
Sénéchal, subvention au scel de la Sénéchaussée,
sera informée de la manière de laquelle ci-devant
avant l'érection de la dite Sénéchaussée en a esté
usé tant par la dite Sénéchaussée de Beaucaire et
Nismes que par le dit juge de la dite Cour commune,
et estre fait droit aux dites parties, ainsi que de rai-

son ; et quand à la police elle est au dit juge-mage de la dite Cour, comme juge ordinaire ; ordonne aussi sa dite Majesté que l'assiette et despartement des deniers qui sont levés en vertu de ses commissions ou des mandements et ordonnances des trésoriers de France seront faites par celui auquel elles seront adressées, faisant très expresses déffenses de faire aucune levée de deniers sans ses lettres de procurations. Et quand à la maison où la justice du dit Sénéchal est exercée y sera continué comme maison empruntée, et à la charge que ceux du dit clergé s'en puissent aussi servir comme en leur maison propre ; seront suivant la dite Chartre tant les officiers de la dite Sénéchaussée qu'autres juges et officiers de la Cour commune et ceux des terres particulières de Sa Majesté et celles de l'évesque, tenus de suivre l'observation d'icelle, enjoignant sa dite Majesté à tous les dits officiers se comporter duement et modestement les uns avec les autres sous son obéissance. Et pour le regard des congés obtenus contre le dit syndic de l'évesque et église du dit Mende, et appel interjeté de la dite adjudication des despens d'un congé jugé par le dit arrest du vingt-troisième mai 1586, sa dite Majesté en son dit Conseil a mis l'appellation, et ce dont a été appellé au néant et au surplus les parties..... et de procès sans despans des dits congés et de la dite Cause, et faisant droict sur la requête des dits Dumas et Chanoulhet, sa dite Majesté leur a donné délai d'un an pour se faire réappuyer au Parlement de Toulouse pendant lequel ils se pourront défaire des états dont ils sont pourvus à personnes capables et sans despens de la présente instance.

Fait au Conseil d'Etat du Roi à Paris, le dix-septième jour de décembre mil cinq cent quatre-vingt-sept.

Signé : Dolu.

Collationné à l'original par moi conseiller notaire, secrétaire du Roi et de ses finances.

Gaudaix, *ainsi signé*.

J'ai retiré le dit extrait original pour le remettre au greffe du dit pays, suivant la délibération des dits Etats particuliers tenus à Marvejols le 16 et 17 mars 1638 et ordonnances en lettres des illustres les commissaires présidants aux Etats généraux de la province tenus à Montpellier du 17 novembre 1649, ayant fait tiré le présent extrait pour subroger en la place du dit original, que j'avais attaché aux pièces par moi produites tant devant les dits Etats particuliers que commissaires supérieurs.

Signé : Pommier, Brugeron.

Extrait de la délibération de MM. les commis, syndic et députés du Haut Gévaudan, relative aux négociations entamées avec le Bas Gévaudan réformé.

21 avril 1588.

(Extrait du Bulletin de la Société d'agriculture, sciences et arts du département de la Lozère, année 1887, p. 370).

Le sieur des Alpiès (1), qui a commencé de tracter et negotier avec le sieur de Séras (2), habitant de Marvejols, et aultres des Cevenes, pour faciliter l'exécution et observation des articles (de la trève récente du labourage accordée par Joyeuse) et seurté du commerce en ce pays de Gévaudan, et fère prandre auxdictz de Marvejols tout seur accès en la demeure de leurs biens, vivantz en l'obéyssance de Sa Majesté, et selon ses édictz, sera ledict sieur des Alpiès prié continuer ladicte négociation avec ledict sieur de Séras et de Chazes, depputés par lesdictz des Cevenes et aultres pour le faict que dessus, à l'accistance de tel personnaige que lesdictz sieurs commis, scindic et depputés choysiront pour aller devers mondict seigneur de Joyeuse.

---

(1) Noble Claude de Sabran, écuyer, seigneur des Alpiés, bailli du Gévaudan. (Alpiès est un hameau de la commune de Cubières, canton du Bleymard, Lozère).

(2) Pierre Tardieu, sieur de Séras, figure dans la liste des habitants de Marvejols (avant l'expédition de Joyeuse) « qui portaient tiltre de seigneur. » (F. André, *Documents sur les guerres de Religion en Gévaudan*, t. III, p. 468).

Copie (1) d'articles et enquêtes pour le syndic du collège des Jésuites de Roudez contre le syndic des religieux Bénédictins de Chirac (2) au Monastier (3).

10 mai 1588.

(Archives départementales de la Lozère, Série H. 134).

(INÉDIT)

Articles que met par devant vous Monsieur de Roudez, ayant retenu la cognaissance de ceste cause, pour la longue absence de votre official, commissaire délégué par N. S. Père (4) pour l'exécution de la bulle d'extinction et suppression de la conventualité et places monachales du prioré du Monastier Sainct-Salveur-lès-Chirac, diocèse de Mande, de longtemps (5) uny avec le collège de la Compaignie de Jésus estably à Roudez,

---

(1) Cette copie est du début du XVII° siècle.
(2) Chef-lieu de commune, canton de Saint-Germain-du-Teil, arrondissement de Marvejols.
(3) Le Monastier (chef-lieu de commune, canton de Saint-Germain-du-Teil) doit précisément son origine à cet ancien monastère de Bénédictins de l'ordre de Saint-Victor de Marseille, où le pape Urbain V avait fait son noviciat.
(4) Sixte-Quint. La bulle d'extinction fut fulminée le 3 décembre 1587. J. Daudé, *Recherches historiques sur le Monastier*, p. 148. (Paris, Maisonneuve et Leclerc, édit. 1885). Consulter le *Bulletin* de la Société d'agriculture de la Lozère, année 1855, pp. 89 et seq.
(5) En 1580. « Union du collège des Bénédictins du Monastier au collège des Jésuites de Rodez ». (Archives départementales de la Lozère, Série H. 134, inédit).

Mᵉ Martin Rouelle, recteur du dit collège, aux fins, Monsieur, que suyvant votre ordonnance du dixième may mil cinq cent quatre-vingt-huict soit informé de la nécessité et utilité, comodité et incomodité de la dite extinction et suppression.

En premier lieu, présuposé, ce qui est notoire, qu'il y a vingt ans et plus que le Monastier, église, couvent, cloistre, cellules et habitations des religieux du dit prieuré sont totalement ruinés, comme aussi les maçonneries que le dit prieuré avait à Chirac et celles qu'il avait à Marceilhes, et une qui était en la paroisse de Salelles (1), toutes razées à terre et qu'il n'y a, à présent, lieu pour faire le service divin, pour pouvoir lotger ung homme ou receller au couvent ung seul sestier de bled et aulcuns lieus deppandans.

En second lieu, qu'il y a plus de vingt ou trente ans que, audit pieuré, il n'y a aulcune discipline régulière ou monastique de St Benoit, tant à raison de ce dessus que pour n'y avoir heu règle, ordre, ny discipline monastique, ains plusieurs escandales, (car quelques-uns d'entre eux se sont tant oblyés qu'ilz ont laissé après eux plusieurs enfants bastards, les autres ayant longtemps receu des portions monachales se sont mariés contre leurs lois et profession tacitte ou expresse), qui semblent la seule cause de la perte et ruyne de la religion au dit lieu et par conséquent de la démolition susdite.

Que de tous ces anciens religieux du dit prieuré il

---

(1) Aujourd'hui chef-lieu de commune, canton de Chanac.

n'en reste qu'un nommé Frère François Guay et que les autres, durant ces guerres et mortalités sont décédés, même l'année passée huict ou neuf, tellement que auleun service divin ne s'y peult faire, non seulement à faulte de lieu, mais aussi parce que ceux qui se sont inclus ès places des décédés sont jeunes gens du tout ignorants, qui n'ont heu auleune instruction, noviciat ou probation ou discipline régulière, sans habit, tonsure ou autre marque de religieux, et qui habitent en divers lieux chez leurs parents, bien éloignés du dit prieuré, et provus aux sus dites places, Dieu sait comant.

Qu'à présent, en trois paroisses deppendant du dit prieuré, savoir: Chirac, Salelles et Entremas (1) les églises y sont ruinées et démolies par les hérétiques pour les causes que dessus et n'y a aucun résidant, ny quy y puisse résider sy l'on n'y édifie ni répare les églises, maisons presbitérales, ornemans, calices, pour y fère le service divin nécessaire aux pauvres gens qui y sont demeurés, suivant que haultement Monseigneur de Mende, leur prélat, les veult contrain de de fère et que le dit collège offre de fère, par les dites bulles recepvant la commodité qu'il plait à Notre Sainct Père leur donner.

Que la mortalité et guerres ont tellement ravagé ce pays-là, lhors du camp devant Marvejols (2) et des-

---

(1) Aujourd'hui chef-lieu de commune du canton de Marvejols.

(2) Allusion à l'expédition de Joyeuse (août et septembre 1588)

7

puis à la reprise de Chirac, (1) qui sont les deux limittes des appartenances du dit prieuré qu'il n'y a resté que fort peu d'habitans, et partans les terres y demeurent incultes et par conséquent sans fruit et impossibilité audit collège que l'affection et désir qu'il a de l'entretiénement du divin service au dit lieu soit exécuté à moings d'y nourir ceulx qu'il y fault pour faire le dit service divin, vues les dernières aliénations qui s'y prénent aulx églises.

Quant à l'utilité requise après la nécessité pour l'effect de la dite bulle, ledit collège aura moyen d'y entretenir des gens tant pour l'instruction de la jeunesse que pour aller vizitter et enseigner ceulx du dit prieuré qui en ont bien bezoin, ayant versé si longtemps entre les hérétiques, à quoi faire le dit collège est destiné de voir l'affection et désir, lesquels Sa Sainteté la voleu occasionner et soutenir, luy donnant la comoditté du revenu du dit prieuré sans lequel seroit impossible d'y nourir et entretenir les hommes nécessaires et fournir d'aumosne aux pauvres et entretenir l'hospitalité, pour l'exemple de leur doctrine requise et soutienement de l'instruction des fondateurs du dit prieuré, seul désir et affection de la dite companye.

Et par ces moyens, suivant l'intention de Sa Sainteté et affection des rédigeans [les biens] des religieux supposés mis hors de toute formalitté monastique

---

(1) Reprise de Chirac par les Huguenots en 1587 (décembre). F. André, *Documents sur les guerres de Religion en Gévaudan*, t. III, pp. 335 à 366.

et sans garde des vœux essantiels soubstenus par la mizère du temps, il y a assez longues années, au grand préjudice de la religion chrestienne, escandale notoire de l'ordre de St-Benoit seront tolleus et hostés et par la grâce de Dieu et affection de Sa Sainteté unis à quelque meilleur ordre.

Qu'apparaistra s'il plaict à Dieu donner moyen au dit collège de la dite compagnie d'accroistre moyenant la dite union et suppression, requizes et portées par les dites bulles, le nombre de ceux du dit collège que pour aujourd'hui n'estant que au nombre de dix-sept au dit Rodez sans église et mal lotgés ne peuvent s'entretenir ni amener à perfection ceste œuvre qu'ils espèrent réussir à l'honneur et gloire de Dieu et l'édification et emplification de son Eglise.

De là concluent la nécessité, utillitté et commoditté de l'exécution de la dite bulle, selon l'intention de Sa Sainteté.

Martin ROUELLE, ainsi signé.

J'ai retiré l'original le 26 aoust 1602.

E. JUDICIS, *syndic*, ainsi signé.

Vérifié à l'original par moy, POUDEROUX, *notaire greffier,* ainsi signé (1).

---

(1) Suit l'enquête « faicte à la requeste de religieux Père Martin Rouelle, recteur du collège de la Compaignie de Jésus, fondé en la ville de Roudez, sur les articles remis par devers Monseigneur Revérendissime Père en Dieu, Messire François de Corneilhan, évesque du dit Roudez, comissère délégué par Notre Saint-Père le Pape ».

Déposition de 10 témoins, confirmant en tous points les pré-

Loyalisme des Gévaudanais.

14 juin 1588.

Archives départementales de la Lozère, Série C. 814).

Extrait de la délibération prinse en l'assemblée des commis, scindic et depputés des gens des Trois Estats du pays de Gévauldan, en laquelle la pluspart des consuls des villes et aultres qui ont voix

---

cédentes déclarations. Ont déposé, le 15 septembre 1588 : M⁰ Antoine Clavel, prêtre et prieur de St-Bonnet en Gévaudan, près le dit Monastier. — M⁰ Antoine Fournier, natif de la ville de La Canourgue, voisine du Monastier. — Jean Boniol, garde-sceau de l'évêque de Rodez, en la même ville de La Canourgue. — Le 14 octobre, noble Jean de Lobeyrac, seigneur de Muret, en Gévaudan, demeurant à Vialas, près Le Monastier. — Noble Jean Achard, demeurant avec Monsieur l'évesque de Mende. — Le 22 octobre, noble Jean de la Roche et M. Blaise Grandon, du diocèse de Mende. — Le 29 décembre, noble Jean de Montjézieu, prieur de la Chaze et de Saint-Germain, diocèse de Mende. — Jean Munier, du diocèse de Mende, et Jean Vidal, de La Canourgue.

« Les dits dix tesmoings ont esté ouys par nous, Thomas Dulaur, docteur es loys, vicaire général de moudit seigneur de Roudez susdit, par commission dudit sieur évesque de Roudez. Et en tesmoing de quoy avons signé la présente enqueste et présent procès à Roudez, le vingtiesme dexambre mil cinq cens quatre-vingt-huict.

      Delaur, *vicaire général,*
       commissaire susdit.

Du mandement du dit sieur vicaire général et que suis esté présent : A. Delaur, *notaire royal, secrétaire,* ainsy signé.

Les Jésuites du collège de Rodez prirent possession des 12 places monacales du Monastier le 1ᵉʳ mai 1589. (Archives départementales de la Lozère, Série H. 131, inédit).

auxdicts Estats ont acsisté, présidant en ladicte assemblée très révérand Père en Dieu, Messire Adam, évesque de Mende, comte de Gévauldan, tenue audit Mende, dans la salle des maisons épiscopales de ladicte ville, le quatorzième jour du mois de juing mil v^e quatre-vingt-huict.

En premier lieu a esté remonstré aux gens des dietz Estats par ledict seigneur évesque, de continuer l'ancienne fidélité, subjection et obéyssance deue au Roy, qu'ilz doibvent, en ceste saison, manifester par bons effectz, sur les mouvementz survenus puys quelques jours en la ville de Paris (1) et en rendre tel témoignaige à Sa Majesté, qu'elle puisse demeurer satisfaite, tant en général qu'en particulier, de leurs bons déportements, suyvant la lettre qu'il luy a pleu en escrire aux consulz et habitans de la ville de Mende, comme capitalle dudit pays. Sur quoy, chascun de ladite assemblée a promis et juré entre les mains dudict seigneur évesque de continuer jusques au dernier souspir de leurs vyes la dicte fidélité et obéissance, ainsi qu'est plus particulièrement porté par l'acte dudit serement, lequel sera envoyé à Sa Majesté par celluy que lesdicts commis, scindic et députés délégueront à cest effect....

ADAM, *évesque de Mende*. — P. MAUBERT, *chanoine*. — P. ALBARIC, *consul*. — RUAT. — SAINT-LAGIER, *consul*. — GEBELIN. — JULIEN. — PAGÉS, *consul de Langonhe*.

---

(1) Allusion à la récente « Journée des Barricades » (mai 1588).

Monsieur de Roquemaure, intendant de justice, près de Montmorency-Damville, délégué en Gévaudan afin d'assurer la pacification du pays.

Juin 1588.

(Extrait du Bulletin de la Société d'agriculture de la Lozère, année 1887, page 387).

.... Le sieur de Montmorency a donné charge au sieur de Roquemaure (son intendant de justice), [d'assurer le repos pubic] par les moyens et ouvertures qu'il a charge de fère entendre tant audict sieur de Sainct-Vidal que auxdictz commis dudict pays, pour parvenir au repos d'iceluy, soubz le bon plaisir du Roy. A ces fins, le dict sieur de Sainct-Vidal sera prié depputer quelqu'ung de sa part (à Florac) affin d'entendre les dites ouvertures et moyens dudict sieur de Roquemaure, qui faict à ces fins assembler à Florac ceulx de la nouvelle oppinion, le tout soubz le bon plaisir du Roy.....

Articles envoyez par les habitans de Marieujolz, retirez a Florac a MM. des Estats du Hault Gévaudan.

Juin 1588.

(Archives du département de la Lozère, Série C. 814.)

Les habitans de la ville jadis de Marieujols, assistés en ceste poursuicte de l'assemblée des Estats du bas Gévaudan, désirent estre représentés à l'assemblée du hault Gévaudan pour les moïens d'une entière et vraye réconciliation entre ceulx du païs et aultres de la religion du hault pays de Gévaudan.

Que encores que les inhumanités et cruautés que on a uzé en leur endroict et des leurs à la prinse de Marieujolz, et despuys, leur aye donné occasion d'une juste craincte, neaulxmoings, que pour le désir qu'ilz ont à la réunion de tout le pays au service du Roy, soubs le commandement de Mgr le duc de Montmorancy, qui est le vray et légitime gouverneur, ils offrent ensepvellir la mémoire de tout le passé, saulf et réserve des actes non subjects à l'obolition par les édictz de paix.

Et affin que, à l'advenir, il ny puisse eschoir aulcune altération par la mallice et licence des particuliers, que le lieu et chasteau (1) de Chaunac sera baillé à ceulx dudict Marieujolz et aultres dudict pays pour y estre en seurté et en la mesme liberté de conscience qu'ilz estoient à Marieujolz.

Et affin que ceulx de Marieujolz soient hors de toute craincte et qu'il ne reste aussi aulcung ombraige à ceulx du pays qu'ilz puissent altérer leur repos, le commandement de ladicte place sera baillé à ung gentilhomme que mondict seigneur choisira le plus agréable que faire se pourra aux ungz et aux aultres.

Et pour donner moïen auxdictz habitans de Marieujolz et aultres dudict pays de se remectre, n'ayant aulcune espérance de reculhir leurs fruictz de longtemps, pour la cessation du labouraige et culture des

---

(1) Château épiscopal.

terres, ladicte assemblée du hault Gévauldan pourvoirra à quelque honneste somme que sera despartie entre les habitans dudict Maricujolz, à chascun sellon ses nécessités.

Et dabondant, les deux assemblées, d'une commune main, supplieront Monsieur l'évesque de Mende, (lequel tous, d'ung parti et d'aultre, recognoissent et respectent comme comte du Gevauldan et désirent luy rendre très humble service en tant que la liberté de leur conscience le leur permettra), de voulloir accommoder, par prest, les habitans de Maricujolz, de la quantité de 500 cestiers de bled, qu'ilz luy rendront, moitié dans ung an et l'aultre moitié au bout d'ung aultre.

Et moyennant ce, tout acte d'hostillité cessera, demeurant seullement les armes pour la deffensive et conservation, sans que on puisse d'un parti à l'aultre uzer d'aulcune agression ny offence, ny particullière ny publique, à peyne de la vie.

Et pour l'observation exacte de ce dessus et l'entier establissement du repos, les deulx assemblées, et chascune d'icelles, depputeront ung ou deulx gentilzhommes ou aultres, de qualicté honorable, pour aller vers Monseigneur, et, soubz son commandement, traicter et résouldre les aultres articles qui concerneront l'exécution de la pacification qu'on désire establir, soit pour le faict et l'exercisse de la justice, soiet pour les aultres particularités quy pourront estre desbattues, afin que, à l'advenir, ne reste aulcune matière de division et altercation, et que les habitans du hault et bas Gévauldan réunis soubz ung ferme et asseuré repos puissent laisser à leurs enfans ung héritaige de très humble dévotion et obéissance à Dieu et fidellité et service au Roy, leur naturel et légitime prince et d'une amitié fraternelle des ungz aux aultres.

Sera aussi suppliée ladicte assemblée accorder à M. le baron de Peyre (1), pour sa retraicte et sa famille et de ses subjectz, une maison qui soict desfensable, veu que tous ses chasteaux et places ont esté rasées, soict le Viallar ou autre chasteau dudict sieur de Mende, qu'il luy rendra et baillera asseuranses dans six moys, pendant lesquelz il puisse redifier tel de ses chasteaux que bon luy semblera, et que ledict sieur de Peyre y puisse jouir de ses biens avec telle liberté et exersisse de religion qu'il avoict auparavant, et qu'il soict aussi permis à tous ses subjectz, tant de Peyre que de Merchastel (2), redifier leurs maisons bruslhées à la forme qu'elles estoient auparavant que par la guerre ayent esté bruslhées et rasées ; et s'il plaist à mondict sieur de Mende luy prester la quantité de 300 cestiers de bled pour le distribuer à ses subjectz, et qu'ilz aient moien de semer leurs terres, il s'en obligera et baillera cautions de le rendre dans deulx ans ; offrant, moienant ce dessus, vivre doresnavant et faire vivre ses subjectz en

---

(1) Astorg de Merchastel de Peyre, dont les domaines avaient été dévastés en 1586 par l'armée de Joyeuse.

(2) Merchastel est aujourd'hui un chef lieu de commune du canton de Nasbinals, arrondissement de Marvejols. On y remarque encore les ruines de l'ancien château, qui avait été fortifié par le capitaine Merle.

la forme couchée aux susdictz articles et obéir aux commandementz de mondit seigneur de Montmorancy, ne demandant que de vivre en paix avec ses voisins, et oublier toutes choses passées.

Pour les habitans de la ville de Maruejols
et aultres du païs du Gévaudan :

Signé : BARRAU, *leur sindic* (1).

RESPONSE FAICTE PAR LES GENS DES ESTATZ DU PAYS DE GÉVAUDAN AUX ARTICLES DE CEUX DE MARUEJOLS, RETIREZ A FLORAC.

Juin 1588.

(Archives du département de la Lozère, Série C. 814).

Les gens tenantz l'assamblée des Troys Estatz du diocèse de Mende et pays de Gévauldan, après lecture faicte en icelle des articles envoyés par les habitans de Maruejols et aultres de la nouvelle oppinion des Cevenes, assemblés à Florac (2), contenant les moyens de la reconciliation entre les ungz et aul-

---

(1) Le sieur Barrau figure dans la liste « des personnes et maisons de qualité et aultres bourgeois et marchans, desquelz la ville [de Marvejols] estoyt composée avant la destruction d'icelle », (publiée par M. F. ANDRÉ dans ses *Documents sur les guerres de Religion en Gévaudan*, t. III. pp. 468 et 469), en sa qualité de notaire royal et greffier civil.

(2) Voir le document précédent.

tres dudict pays, sur les plaintes fai tes, tant à M. le duc de Montmoranci qu'à M. le maréchal de Joyeuse, par les commis, scindic et depputés dudict pays, des ordinaires volleries, ransonnementz et aultres contraventions faites à la la trève par lesdictz de Maruejolz et desdictes Cevenes, affin que leur bon playsir feust d'y pourveoir,

Disent, quant au premier article que, si la souvenance des cruaultés et inhumanités debvoit avoir lieu, les habitantz de la ville de Mende, du Malzieu et aultres lieux que lesdictz de Maruejolz et aultres ont surpris, l'hors de la paix, seroit mieulx sceante auxdictz habitanz ausquelz conséquement la craincte aux aultres habitant............................

....Et neaulmoingz lesdictz habitantz catholicques sont très disposés de mectre ceste souvenance soubz le pied et l'ensevelir comme chose non advenue, pour le désir qu'ilz ont de veoir lesdictz de Maruejolz hors de la craincte où ilz sont de se repatrier et réünir avec eulx en une mesme foy et religion catholique et obeyssance deue au Roy, pour le bien et reppos perpétuel de ce pays.

Lesdictz de la nouvelle oppinion de Maruejolz se debvroient contanter des justes et apparantes raysons dernièrement proposées au sieur Jourdain (1), leur depputé, en la présance du sieur de Rochemaure,

---

(1) Probablement Michel Jordan, mentionné comme avocat licencié dans la liste des « personnes notaibles dont Maruejols estoit composée avant la destruction d'icelle », publiée par M. F. ANDRÉ, *Documents inédits sur les guerres de Religion en Gévaudan*, t. III, p. 469.

envoyé de la part dudict seigneur de Montmoranci pour pourveoir auxdictes plainctes, lesquelles les gens desdictz Estatz ayant entandues dient qu'il ny a lieu de bailler la ville ni chasteau de Chanac, non plus que celluy du Villar, auxdictz de la nouvelle oppinion, lesquelz se doibvent contenter de la seurté que ladicte assemblée leur offre, tant de la protection et sauvegarde du Roy, de MM. le duc de Montmoranci, maréchal de Joyeuse et St-Vidal, gouverneur dudict pays, que de l'estat d'icelluy, tant de l'esglise, de la noblesse que des consulz et communaltés des villes dudict pays, ensemble des provinces de Rouergue, Auvergne et Velay, que lesdictz de l'assemblée stippulleront qu'il ne sera mesfait ny mesdict aulx personnes dudict Maruejolz ny de leur familhe et biens vivantz paysiblement audict lieu de Maruejolz, en leurs maysons et demeures, en l'obéyssance et fidélité qu'ils doibvent à Dieu et aussy et sans aulcung exercice de ladicte religion nouvelle, ny port d'armes, assamblées ny entreprises, et encores soubz le bon plaisir du Roy et non aultrement ; la magesté duquel sera suppliée, au nom du scindic dudict pays, leur donner et accorder, en ceste considération, mainlevée de leurs biens, nonobstant la saysie faicte d'iceulx, suyvant les derniers édictz. Et encores, pour plus grande seureté, le sieur de Sainct-Alban, bailli et gouverneur de Maruejolz et commis de la noblesse, sera prié et requis de se tenir audict lieu de Maruejolz, avec eulx, pour leur conservation et s'obliger de ce que dessus.

Et ou lesdictz de Maruejols ne vouldroient accepter ladicte seurté pour leur trop grande deffiance, et qu'ilz voulussent demeurer es dictes Cevènes, soit à Florac ou aultres lieux et se contenantz et vivantz paysiblement en l'obeyssance deue au Roy, sans aulcunes courses, pilheries, volleries, ny aultres voyes d'hostilité, soit de leur part ou des habitans desdictes Cevènes, — gentilhommes, cappitaines, soldatz et aultres jouyront de leurs dictz biens par affermes et arrantementz ou mesnaigeries particulières en vertu de la main-levée, laquelle le scindic du pays poursuyvra envers sadicte Magesté.

Comme aussi les ecclésiasticques et catholicques jouyront, par mesmes moyens des biens de leurs beneffices et biens temporelz desdictz catholicques en payant lesdictz ecclésiasticques les décimes au recepveur ordinaire d'icelles, à rayson de ce qu'elles sont imposées par les commis, scindic et depputés du clergé dudict diocèse.

Aussi les deniers des talhes et aultres deniers de quelque nature qu'ils soient, imposés par aucthorité du Roy, seront levées par le recepveur ordinaire du pays, tant esdictes Cevènes, bas Gévauldan que en toutz aultres endroictz du hault Gévauldan, sans aulcune contradiction ny empeschement, sur lesquelz deniers la garnison raysonable qu'il plairra audict sieur de Montmoranci d'establir en la ville de Florac, pour la commander par le sieur de la Croix (1) ou autre

---

(1) Le sieur de la Croix, capitaine d'une compagnie de 60 hommes en garnison à Florac, fut pendant toute cette période le représentant attitré de la baronnie de Florac aux Etats du Gévaudan. Voir les *Procès-verbaux des Etats du Gévaudan*, publiés par F. ANDRÉ, t. I.

gentilhomme catholicque, tel qu'il luy plaira, sera payé comme les aultres garnisons dudict pays.

Monsieur l'évesque de Mende sera tousjours très disposé, suyvant la prière qui lui a esté faicte de la part de ladicte assamblée de secourir et ayder ses diocésains dudict Maruéjolz comme des aultres lieux, en leur nécessité, non seullement par prest des 500 cestiers de bled, mais par don et libéralité d'iceulx et de toute aultre chose dont ilz le requerront, moyennant qu'ilz recognoissent l'erreur et obliance qu'ilz ont commise envers Dieu, pour sestre sepparés du parc de sa bergerie, et y retournent, comme ont faict la plus grande partie desdictz habitantz, les embrassera et recepvra comme ses propres enfantz spirituelz, les lotgera, en ce faysant, bien voulontiers avec luy, en sa ville de Mende, comme il a faict d'une bonne partie de ceulx dudict Maruejols qui sont venus à conversion, ou bien en sa ville et chasteau de Chanac ou Villar, ainsin qu'ilz vouldront et adviseront.

Le sieur de Peyre (1) treuvera le général et particulier desdictz Estatz aultant affectionné qu'il peult désirer, se réunissant avec les aultres barons et noblesse du pays en une mesme foy et religion catholicque et

---

(1) Un procès était depuis longtemps engagé entre Astorg de Marchastel de Peyre et Marie de Crussol, veuve du frère ainé de ce dernier, zélée huguenote, qui fut reconnue héritière de son mari par un arret du Grand Conseil. Marchastel abjura « l'hérésie » le 5 novembre 1588, entre les mains d'Adam de Heurtelou. L'année suivante, une bulle du pape Sixte-Quint le remit en possession de tous ses biens. — Consulter sur ce point : *La baronnie de Peyre*, par le Dr PRUNIÈRES, 200 pages. Mende.

obéyssance et fidélité deue au Roy, et à ung reppos et soulagement du pauvre peuple, non seullement de pouvoir bastir et ediffier quelques maysons en sa terre, mais le sieur d'Apchier, l'un desdictz barons, luy prestera bien voulontiers une de ses maysons pour sa demeure et habitation.

Le commerce sera et demeurera libre............
....
[Le duc de Montmorency] trouvera tousiours très affectionnée (ladite assemblée) au service du Roy et particulièrement en son endroict, les conservant en leur foy et religion catholicque, apostolicque et romayne, et en l'obéyssance qu'ilz doibvent à Sa Majesté, en laquelle ils ont tousiours vescu fidellement, et protestent de vivre et mourir.

ADAM, *évesque de Mende*; P. MAUBERT; P. ALBARIC, *consul*; RUAT; GIBELIN; SAINT-LAGIER, *consul*; JULIEN, *envoié de M. de Lengonhe*; PAGÈS, *consul de Lengonhe*; BROLHET, *procureur de Serverette.*

Lettre de Montmorency-Damville a MM. des États du Haut-Gévaudan.

27 juin 1588.

(Archives départementales de la Lozère, non inventorié (1).

(INÉDIT)

A Messieurs du Clergé, de la Noblesse et Tiers-État du Haut-Gévaudan (2).

Messieurs,

Je ne me lasserai jamais de désirer et procurer quelque soulatgement au paoure peuple de vos tre païs, pendant ceste calamité géneralle de la France, et ay grand regret que [tout ce] qui, pour cest effect, avoit esté commencé n'ayt réussi (3);

---

(1) Ce document, trouvé par M. F. André dans le petit clocher de la cathédrale de Mende, est en très mauvais état. C'est pour nous un devoir de remercier M. André qui nous a aidé dans sa difficile transcription.

(2) La scission était si complète, depuis l'Édit de Nemours (7 juillet 1585), que les États eux-mêmes s'étaient divisés : à Florac se réunissaient les États Réformés du Bas-Gévaudan et à Mende ceux du Haut Gévaudan catholique.

(3) Allusion à l'échec récent des négociations entamées des le mois d'avril 1588, par M. de Rochemaure, intendant de Damville, dans le but de hâter l'alliance des Catholiques royalistes du Haut-Gévaudan et des Réformés du Bas-Gévaudan. Voir les documents précédents.

mesme................. procédé du refus faict à ceulx de Marvejols....... C'est chose qui sera tousiours jugée par tous très raisonnable, et nul ne s'en pourra avec raison offenser, car, en ceste seurté, il n'y aura que leur conservation et défencive ; et y seront tellement contraints par mon authorité que vous ny aultres n'aurez aucune occasion............ de peur qu'ilz emploient ce moïen pour l'agression et offencive, ny qu'ilz ayent aulcune voulonté d'altérer le repos publicq, quand je leur en auray osté tous les moyens par le choix que je feray de personne d'honneur pour les commander avec pouvoir de se faire obéyr soubz mes commandemens.

Je ne veuz ny entends altérer rien de vostre estat (1) et moings toucher à la domination de l'Eglise catholicque, apostolicque et romaine, de laquelle j'ay faict tousiours constamment profession, faict et feray toute ma vie, à l'exemple de mes prédécesseurs, mais aussy pour le rang que je tiens en France, estant filz du plus honorable officier de la Couronne, aujourd'huy plus ancien et premier officier de France.

Et mesme, en ce qui touche l'estat de mon gouvernement, je ne veuz permettre que mon gouvernement soit travaillé par la calamité publicque et par la rébellion au Roy et désobéissance qu'on voit tous les jours paroistre en divers lieux (2); et veuz employer toute ma vie et tous mes moïens pour le service de Sa Majesté et conservation de ses subjects soubs l'o-

---

(1) Allusion à l'organisation administrative et judiciaire du Gévaudan.

(2) Allusion à la récente Journée des Barricades.

béyssance de ses édicts qu'il a faicts avec si grande cognoissance et par advis de son Conseil.

J'ay veu vos articles des responces (1) sur la demande de ceulx de Marvejols........ je ne pourray y prouvoir avec aultant de contentement que vous désirez.

Je m'asseure de tant d'obéyssance dans mon gouvernement que tous ceulx qui vouldront venir à moy le peuvent faire en toute seurté et liberté. C'est pourquoy vous pourvoierez à vos affaires selon que vous penserez estre de vostre bien, en vous asseurant qu'en tout ce que le paoure peuple pourra recepvoir soulatgement et descharge j'y apporteray tous mes moïens et l'authorité que j'ay du Roy, que j'employeray tousiours pour l'obeyssance de ses commandemens et des miens, qui ne sont ny ne seront jamais aultres que sa voulonté, j'auray extrème regret de me voir privé des moïens pour vostre bien, advantaige et soulatgement, mais je tiendray tousiours la voulonté pour vous en produire les effects, selon les occurences, d'aussy bon cueur que je prie,

Messieurs,

vous doner bone santé et longue vye.

A Baignolz (2), ce 27 juing 1588.

Vostre meilleur et entièrement affectionné amy,
MONTMORENCY (3).

---

(1) Voir plus haut (page 106), cette réponse.
(2) Bagnols, aujourd'hui chef lieu de canton de l'arrondissement d'Uzès (Gard), était, à cette époque, le quartier-général de Damville.
(3) Cette signature est de la main même de Damville.

Extrait du procès-verbal (1) de l'Assemblée des Etats du pays de Gévaudan tenue « en la salle haulte des maisons épiscopalles de la ville de Mende, lieu acoustumé a tenir les Estats dudict pays », le 20 septembre 1588, en vue de l'élection des représentants du Gévaudan aux Etats-Généraux de Blois.

« Les Etats ont conclud et arresté que, par leurs députez.... Sa Majesté sera priée...... pour prévenir l'entière perte du païs [par la guerre civile], d'acheminer une bonne et saincte pacification et repos en son royaume, pourveu qu'elle puisse estre à l'honneur et gloire de Dieu, maintien de son sainct nom, de la religion catholicque, apostolicque et romaine, et de l'estat royal.

Lesdictz Estatz considérans que, depuis neuf ou dix ans, ledict païs de Gévaudan n'a esté assisté du secours que luy estoit bien nécessaire, les ennemys rebelles, pour avoir le sieur de Sainct-Vidal tousjours eu tant d'occupation en son gouvernement du païs de Vellay qu'il luy estoit, comme il est encore, malaisé et quasi impossible de secourir et assister ce dict païs de Gévaudan aux fréquentes courses et entreprises que lesdicts rebelles y font, ce qui a esté l'une des causes que lesdictz rebelles y ont prins sy grand pied et advantaige, veoiant esloigné dudict païs celluy qui

---

(1) F. André. *Procès-verbaux des Etats du Gévaudan*. Mende, 1876, tome I, pp. 206 et seq.

en avoit la charge et protection soubz l'auctorité de Sa Majesté, et cela mesmes pourra faire perdre ledict païs entièrement, s'il n'y est promptement remédié, au moyen de quoy lesdictz Estatz ont conclud que sadicte Majesté sera très humblement suppliée qu'il luy plaise pourveoir d'aultre personnaige au gouvernement dudict païs de Gévaudan, au lieu dudict seigneur de Sainct-Vidal, attandu sadicte occupation en son dict gouvernement de Vellay et le péril éminent de la perte dudict païs. Et néantmoings a esté advisé qu'au préalable ledict seigneur de Sainct-Vidal sera prié, de la part desdictz Estatz, se desmectre voluntairement dudict gouvernement de Gévaudan et que M. de Sainct-Auban, commis de la noblesse dudict païs, qui en a esté prié de la part desdictz Estatz, ira, à ceste fin, vers M. de Sainct-Vidal.

Et sur la plaincte commune que les habitans dudict païs de Gévaudan font de la nouvelle érection faicte d'ung siége de Sénéchal en ladicte ville de Mende, pour le trouble, vexation et désordre qu'il leur apporte, à cause de la diversité des juridictions, que sont maintenant dans ledict pays, par lesquelles le pauvre peuple d'iceluy est agité en mesme temps et pour mesme cause en deux diverses juridictions, que sont le siége du Bailliage ancien et celluy dudict Sénéchal, nouvellement érigé, lesquelz, pour estre en pareil degré de ressort dans ledict païs, travaillent chacun à conserver son auctorité, dont le pauvre peuple est grandement molesté. D'ailleurs ledict païs, oultre son indicible pauvreté, est si petit et le peuple tellement diminué par la grande peste, qu'il ne peult supporter tant d'officiers nouveaulx, estant assez chargé de ceulx des justices ordinaires et dudict ancien siége de Bailliage, auquel lesdictz ordinaires ressortissent par appel, et ledict Bailliage en la Cour de Parlement. Et voieant que par le moien desdictz ordinaires et Bailliage, la justice y a esté, despuys trois cens ans qu'il est institué audict païs, bien et dignement administrée, avec ung bon ordre et police, ladicte assemblée desdictz Estatz, suivant les conclusions et délibérations jà parcy devant prinses aux Estatz tenus en la ville de Serverette (1), a conclud et arresté que, pour le bien de la justice et du service de Sa Majesté, repos et soulaigement du pauvre peuple, sadicte Majesté sera aussi très humblement suppliée par ceulx qui seront députez vers Elle aux Estatz généraulx de Blois de voulloir supprimer ledict nouveau siége de Sénéchal comme ruyneux au publicq, et à ceste fin en commander les expéditions nécessaires, et que lesdictz députez en feront instance auxdictz Estatz généraulx pour en faire très humble remonstrance à Sa Majesté, en cas qu'elle fist difficulté d'accorder ladicte suppression....

Aussi a esté advisé et conclud de faire supplier sadicte Majesté très humblement à ce que, ayant esgard à l'extrême pauvreté à laquelle ledict païs a esté réduict par les guerres, et qu'il a esté constrainct d'emprunter à grandz intérest plusieurs sommes de de-

---

(1) Le procès-verbal des Etats tenus à Serverette (aujourd'hui chef-lieu de canton de l'arrondissement de Marvejols, au nord du département), en 1587 n'a pas été retrouvé.

niers immenses (1) affin de se conserver et maintenir, comme ilz ont fidellement faict jusques icy, en l'obéissance de Sa Majesté contre lesdictz rebelles, pour le paiement desquelles sommes ilz sont maintenant vexez et molestez journellement en leurs personnes, n'ayant moyen acquiter lesdictz obligations et debtes conceues pour le bien du service de sadicte Majesté, il luy plaise leur faire don et remise des deniers de ses tailles et équivallent qu'il a accoustumé prendre audict païs, et ce durant vingt années ou tel autre temps qu'il plaira à la libéralité de Sa Majesté, affin que par ce moïen ilz puissent estre deschargez d'une telle vexation qu'ilz souffrent à l'occasion du service de sadicte Majesté, et qu'à l'advenir ilz ayent moyen se conserver et maintenir en son obéissance contre lesdictz rebelles, ce qu'ilz ne pourroient aultrement faire, estant destituez de tout moyen.

Quant aux aultres plainctes, supplications et remonstrances qu'il est nécessaire de faire à sadicte Majesté en ladicte assemblée desdictz Estatz généraulx de Blois, tant pour le bien de son service que pour le soulagement de ce pauvre païs de Gévaudan, d'autant que le séjour de ladicte assemblée desdictz Estatz particuliers de Gévaudan apporte fraiz et charge au pauvre peuple qui est assez foullé d'ailleurs, a esté advisé pour ne retenir tous lesdictz Estatz plus longtemps assemblez (2), que les cahiers

---

(1) Allusion à la dette d'Auvergne. Voir plus haut, p. 48.

(2) Les Etats ne durèrent qu'une seule journée.

desdictes plainctes, supplications et remonstrances seront faictz et dressez par MM. les commis, scindicq et députez dudict païs, en présence de mondict seigneur de Mende, président auxdictz Estatz....... »

Mémoire des raisons (1) pour obtenir la suppression du Sénéchal.

Fin de l'année 1588.

(Archives départementales de la Lozère, Série G. 918)

(INÉDIT)

Le Roi ayant pris cette bonne et sainte résolution, par l'avis d'aucuns princes, grands seigneurs et autres des plus prudents de son royaume sur les grands troubles et divisions qui sont en iceluy, de recourir à ce salutaire et ancien remède qui est la convocation de ses États-Généraux à l'exemple et imitation de ses prédécesseurs, et les ayant convoqués en la ville de Blois, comme prince très chrétien qu'il est et protecteur de l'Églize de Dieu, s'est proposé premièrement ce qui est de l'honneur de Dieu et de sa sainte religion, jusques à vouloir exposer pour le soutènement d'icelle sa propre vie ; secondement il

---

(1) Ce mémoire et les deux suivants furent remis aux députés du Gévaudan aux États-Généraux de Blois.

s'est proposé le salut de son peuple pour la suprême Loi après celle qui regarde la piété et religion, ayant su très bien considérer, par le bon naturel accompagné d'une très-grande clémence qui est en lui, et fortifié par les avertissements et saintes admonitions qui lui ont été faites par les principaux de l'état ecclésiastique et par les états en corps, que de là dépend la conservation et manutention de son état et le moyen de le restaurer et remettre en son ancien ordre et plus florissant.

Sur quoi ayant déjà pris beaucoup de bonnes et saintes résolutions, celle-là entre les autres est une des plus louables de remettre la justice sur son peuple, comme elle soulait être anciennement, de laquelle il ne nous était resté que la seule ombre à cause de l'injure du temps et des misères et désordres que les hérésies ont apporté par tout son royaume.

Et en cette résolution, considérant les maux que le changement d'un bon et ancien ordre en la justice, la multitude d'officiers en icelle, l'érection et création de nouveaux sièges et offices, la diversité des degrés en icelle et la vénalité qui s'y est mêlée, apportant les foules et oppressions que le peuple en reçoit, les concussions qui se commettent par ce moyen en l'exécution d'icelle et les autres malheurs qui s'en ensuivent, mesme les impositions que le roi est contraint mettre sur son peuple pour le paiement des gages de tant d'officiers et beaucoup d'autres raisons qui lui ont été représentées par ses dits états, s'est résolu à la suppression d'une infinité d'offices, ensemble de tout nouveau siège érigé depuis mesmes les derniers Estats tenus à Blois(1), pour quelques considérations que les créations en aient été faites ; et combien que par ce moyen le Sénéchal érigé en la ville de Mende demeure supprimé, toutefois il y a de particulières raisons pour la suppression dudit siège qui ne sont communes aux autres et pour lesquelles il importe infiniment pour le bien du pays qu'il y en ait une particulière déclaration, comme estant plus nécessaire que toute autre de ce royaume pour le bien de ceste diocèse et sans laquelle il ne s'en peut ensuivre que la totale ruine d'icelle.

Sur quoi sera premièrement mis en considération que la dite érection fut poursuivie en l'année quatre-vingt et trois au mois de mai par la seule affection de quelques particuliers (2) qui, sous la couleur du bien public, ne pensaient, comme ils ont fait voir, en effet, depuis, qu'à s'establir dans le dit diocèse, et couvrir du masque de justice les violences et oppressions qu'ils ont faites au peuple, dont s'en est ensuivi la totale ruine d'iceluy, comme Sa Majesté en a été ci-devant très-bien informée (3) et plusieurs (4) qui sont des Etats le savent.

Et la seule raison qu'ils avaient pour poursuivre l'établissement du dit siége fut, comme il se voit par

---

(1) 1576.

(2) Allusion à M. de Saint-Vidal et au juge-mage, M° Vidal Martin.

(3) Voir plus haut (page 80), une lettre d'Adam de Heurtelou à M. de Prinsuéjols.

(4) Notamment Renaud de Beaune, archevêque de Bourges, et M. de Villeroy.

le propre texte de l'édit (1), ce beau prétexte que, par ce moyen on chasserait tous les voleurs hérétiques du pays, on rendrait Marvejols et Peyre qui lors étaient occupés par les dits hérétiques en l'obéissance de Sa Majesté. Mais tant s'en fault, qu'il s'en sont ensuivis des effets tout contraires et quy ont été cause de la ruine d'iceluy.

Le premier, qu'il ne s'est fait punition d'aucun voleur hérétique ni autre, que les dits hérétiques ont fait plus de maux dans le pays qu'auparavant et conspirent contre la ville de Mende en haine de cela, de sorte que sans l'armée qui fut conduite au pays par feu Monsieur le duc de Joyeuse et la réduction qu'il fit des dites places et du Malzieu, le pays était perdu et du tout à la dévotion des hérétiques comme Sa Majesté sçait très-bien.

Le second effet contraire, c'est que tout l'ordre du pays a été renversé par les officiers de la dite Sénéchaussée, lesquels ont passé par dessus les édits et ordonnances du Roy, et comme plus que souverains, voire même comme s'ils étaient rois, ont fait des impositions incroyables même en l'année quatre-vingt-cinq, qui fut la première année de leur établissement feirent une imposition de plus de cinquante-sept mil escus, sans aucune commission du roi, se saisirent de la ville et dressèrent une citadelle, et à main armée, avec les forces qu'ils avaient, faisaient plutôt la guerre aux catholiques et bons sujets du roi qu'aux

---

(1) Voir plus haut, p. 3, le texte de l'édit de création de la Sénéchaussée.

hérétiques, auxquels ils ne faisaient jamais le moindre déplaisir.

Le troisième, que cela a apporté une si grande division dans le pays, non seulement en ce qui est du particulier de la ville de Mende et entre les habitants d'icelle, mais aussi en tout le reste dudit pays, par les entreprises et usurpations que les dits officiers font, qu'il n'est pas possible ; de plus estait bien à craindre que, si cela continuait, les dits hérétiques n'eussent par là et à cause de la dite division moyen de s'y remettre.

Le quatrième, qu'au lieu qu'on promettait que les poursuites des procès seraient à moindres frais qu'auparavant, c'est tout le contraire. Et fut-ce une Cour suprême, les despences ne seraient si grandes, ce qui apporte encore plus de ruine au peuple, qui est réduit par cette misère ou autres, pour raison des guerres, à une extrême pauvreté ; joint que le pays étant si petit qu'il est presque du tout estérile et infructueux à cause qu'il est la pluspart situé en montagnes, qui ne produisent que des herbages, et la pluspart des villages sont maintenant déserts et abandonnés des habitants, parce que tout le bétail a été consommé par l'injure des guerres, et ainsi la plus grande partie est vaccante (1) et le reste du pays est situé au pays des Cévennes, qui est plein de grands précipices, habité par hérétiques, qui sont forgerons de leur nature et tellement habitués à toutes espèces de brigandaige,

---

(1) Voir plus haut, p. 57, l' « Etat des biens abandonnés en divers lieux du Gévaudan ».

qu'il n'en faut espérer la réduction que par les armes, parce que le lieu est de très difficile accès et presque impossible.

Oultre ce, la dite suppression est requise par beaucoup d'aultres considérations. La première, parce que il y a un Bailliaige dans le pays qui connaissait auparavant, selon son ancienne institution, qui est de plus de trois cents ans, de toutes causes, comme le Sénéchal même, et est juridiction de ressort, parce que les ordinaires du pays relèvent par appel au dit Bailliaige ; en conséquence le dit Sénéchal est inutile et ne porte que foulles et oppression.

La seconde que ce seroit accroistre la juridiction d'un degré contre les édits et ordonnances du Roi et contre le droit escript par lequel il n'est permis d'appeller trois fois, en quoi tout le pays reçoit un fort notable intérêt.

La troisième, que le dit Sénéchal est de la plus nouvelle création et par conséquent d'autant plus sujet à suppression par les ordonnances du Roi, et par la résolution que Sa Majesté a prise en cette assemblée des Estats.

La quatrième qu'elle a été poursuivie contre le gré du pays et sous le nom supposé d'iceluy, par la seule affection et pour le profit particulier d'aucuns qui supposèrent ung résultat de la délibération du pays (1), laquelle néanmoins était forcée et faite en l'absence des principaux du pays, comme est l'Evesque, parce

---

(1) F. ANDRÉ. *Procès-verbaux des Etats du Gévaudan*, t. 1, p. 141 et seq.

que l'évesché était en économat (1), et des seigneurs qui y ont le principal intérest, à cause de quoi depuis, et en l'assemblée dernière des Estats du pays (2), la poursuite de la suppression a esté résolue.

La cinquième, parce que les droits du Roi et de l'Evêque, qui sont en Pariaige par contrat confirmé par tous les rois prédécesseurs et par Sa Majesté même, résultant du Pariaige, sont du tout anéantis contre les privilèges de l'Eglise, desquels le Roi, comme prince très-chrétien, est le protecteur.

La sixième, parce que les officiers du Bailliaige, qui sont de très ancienne institution et ont joui de leur droit jusques à la dite nouvelle création, sont du tout intéressés par le dit Sénéchal, qui se voulait dire supérieur, et, étant sur les lieux, usurpe tout, et ne souffre qu'on recoure ailleurs que devant lui, soit par appel ou autrement, contre le dit Pariaige et les arrêts donnés par Sa Majesté en son Conseil d'Etat ; ce qui a engendré un grave procès (3) entre les officiers des dites justices et les ordinaires et le syndic général du Clergé pour la conservation des droits de l'Eglise.

La septième, que par l'édit de création (4), il y a plus

---

(1) En 1585, date de l'installation du Sénéchal, Renaud de Beaune était archevêque de Bourges. Adam de Heurtelou, son sucsesseur sur le siège épiscopal de Mende, ne fut nommé qu'en 1586. Voir plus haut, p. 116.

(2) C'est à-dire les Etats particuliers tenus à Mende le 20 septembre 1588.

(3) Le procès de la Sénéchaussée, dont les principales pièces, toutes inédites, sont publiées dans le présent volume.

(4) Voir plus haut cet édit, p. 3.

de douze officiers savoir : le Sénéchal, le Juge-mage, le lieutenant, cinq conseillers, l'avocat et procureur du Roi, garde des sceaux, receveur, greffier et huissiers, pour l'entretiènement desquels, il y faudrait toute une province. Et toutefois le juge-mage tout seul qu'il est à présent, avec toutes ses usurpations n'y peut vivre sans une ruine totale du pays, qui est d'ailleurs par trop misérable ; ce qu'ayant bien reconnu, le pays de Vivarez, quoiqu'il soit trois fois plus grand et plus opulent que le Gévaudan, n'a voulu permettre l'installation d'un pareil siège qui avait été accordé par Sa Majesté, parce que ce serait la ruyne du dit pays comme elle est du Gévaudan.

La dernière, que la cause de la dite érection qui était les hérétiques de Marvejols et Peyre a cessé, les dits lieux ayant été réduits en l'obéissance du Roi par feu Monseigneur de Joyeuse et depuis rasés, si bien que le pays n'est à présent molesté que par ceux des Cévennes qui s'étendent aux diocèses de Viviers et Uzès et sur lesquels la justice ne peut rien pour la difficulté des lieux, et n'y a que la force qui les puisse réduire à leur devoir ; et partant la dite érection doit cesser, laquelle (oultre les susdites raisons), pour être à la dévotion des gens qui n'ont jamais aimé le repos dans le pays et n'ont pensé qu'à leur particulier profit et à la ruine du dit pays, a engendré une si grande défiance dans le pays, connue des hérétiques (1)

---

(1) L'assemblée de Montauban (août 1581) supplia le Roi de supprimer la Sénéchaussée de Gévaudan. Voir, plus haut, pp. 16 et 17.

mesmes, ainsi que Sa Majesté en a été très bien informée.

Un autre prétexte ont ceux qui empêchent la dite suppression du dit Sénéchal, assavoir que ce n'est point proprement une nouvelle création, mais seulement un éclipsement de la Sénéchaussée de Nismes, laquelle s'étendait auparavant en ce diocèse, et par conséquent qu'il est meilleur de maintenir ce nouveau siége, que non pas, par suppression, remettre ce diocèse en la dite Sénéchaussée de Nismes, qui est ville occupée par les hérétiques.

A cela sera respondu, qu'en effet c'est une nouvelle création, et de si grand nombre d'officiers que le pays, pour sa petite étendue et pour son extrême pauvreté, ne la peult supporter, comme il a été dit d'ailleurs, qu'estant le Sénéchal éloigné comme il était, étant à Nimes, le Bailliaige seul, qui a été de tout temps sur les lieux, connaissait de toutes causes, entre toutes personnes, privilégiées ou non, sans que personne put décliner sa juridiction, et les appellations, par le choix de l'appelant, allaient en la Cour de Parlement, comme il est expressément porté par le Pariaige. Et ainsi le Sénéchal ne connaissait de de rien, ains seulement le Présidial du dit Nimes ès cas de l'Edit, comme il fait bien encore sur le Sénéchal même de Mende, ainsi qu'il est porté expressément par l'Edit de création du dit nouveau Sénéchal; et par ce moyen, le pays était d'autant plus soulagé, et n'avait cette multiplicité de juges et officiers, ni de degrés de juridiction, comme il a maintenant; joint que les raisons principales qui donnent occasion au Roi de supprimer les nouveaux officiers, demeurent toujours et encore les particulières pour le respect de ce diocèse.

Et s'ils ajoutent à leur dite raison que, par le Pariaige même, le Bailliage n'est point juge immédiat ressortissant nuement en la Court, et partant que par les Edits du Roi la connaissance lui est ostée de beaucoup de causes qui est néanmoins attribuée aux Sénéchaux, leur sera doublement répondu, — premièrement que la Juridiction du Bailliaige est fondée et appuyée d'un contrat fait entre le Roi et l'Eglise, auquel Sa Majesté et ses successeurs sont obligés, sans pouvoir y déroger, par édit ni autrement, comme il est dit expressément par le dit Pariaige ; — secondement, qu'après l'Edit de Crémieu, sur lequel le dit Sénéchal prend son dit fondement, le Roi a fait déclaration expresse qu'il n'entendait y avoir compris ses justices, qui sont en Pariaige entre lui et l'Eglise ou aucuns seigneurs de son royaume, mesmement celles auxquelles il est obligé par contrat et confirmation de ses prédécesseurs et siennes. Joint que toujours les premières raisons demeurent pour soutenir la suppression.

Encore se pourroient aider d'autres prétextes les adversaires, c'est que tout le diocèse n'est point du ressort du Bailliaige et qu'il y a des terres propres et particulières au Roi, comme Marvéjols et Chirac, lesquelles ressortissent nuement au Sénéchal, et les propres de l'évêque, comme Mende et Chanac, qui ressortissent aussi au Sénéchal et non au Bailliaige. A cela sera aussi respondu par deux raisons : — premièrement, qu'on peut alléguer ce même prétexte ou raison contre le dit Sénéchal, parce que la baronnie de Mercure, qui est une des plus belles du pays, et où il y a deux belles villes, Salgues et le Malzieu (1), sont aussi éclipsées du Sénéchal, voire même du ressort de Toulouse. Et en conséquent, cette raison, qui est commune, n'est considérable, si ce n'est pour donner d'autant plus de couleur à la suppression du dit Sénéchal, parce que le reste du pays a d'autant moins de moyens de supporter cette nouvelle création à cause de la diversité des degrés de juridiction et la multitude des officiers ; — secondement, que par le même Pariaige il y est pourvu, en ce que, par iceluy, il est permis à l'apelant des dites terres propres de relever nuement en la Cour de Parlement, si bon lui semble, sans aller au dit Sénéchal.

Mais quand cela ne suffirait pas, il serait plus utile au Roi et à l'Eglise et de plus grand soulagement au pays, qu'il plut au Roi communiquer ses terres propres au Bailliaige par appel, et l'église et l'évesque de même les siennes, ad instar des terres communes et de le relever nuement en la Cour. Et en cela, le Roi y a plus de commodité, parce que ses terres propres qui consistent en la ville de Marvéjols et Chirac, sont du tout ruinées et rayées, et celles de l'Eglise sont encore en leur entier, et ce serait une grande commodité à tout le pays et grand soulagement en la justice, sans qu'il fut besoin de recourir à cette nouvelle

---

(1) Henri II déclara, en 1555, que « les terres et chatellenies de Saugues et du Malzieu » ressortiraient du Parlement de Paris et du siège présidial de Riom, et non du Parlement de Toulouse ni du siège présidial de Nimes. (Arch. départ. Lozère, Série G. 102).

érection, laquelle a apporté une trop grande altération au pays et causé la ruine d'icelny.

Pour toutes lesquelles raisons et autres, que les dits députés sauront très bien représenter, Sa Majesté sera suppliée d'accorder la dite suppression et en commander les expéditions nécessaires.

Mémoire sur l'union des sièges de Bailly et de Sénéchal.

Fin de l'année 1588.

(Archives départementales de la Lozère, Série G. 918).

(INÉDIT)

Sur les mémoires (1), qui ont été dressés pour poursuivre la suppression de la Sénéchaussée érigée à Mende en l'année quatre-vingt-trois et installée en quatre-vingt-cinq, s'il y intervient quelques difficultés, sur laquelle on tâche de persuader au Roi et aux Estats qu'il n'y a lieu de la supprimer, (comme il est tout certain que ceux qui ont poursuivi l'érection useront de tous les artifices dont ils se pourront aviser, soit par faveur ou autrement, pour empêcher la dite suppression), leur principal prétexte sera que ce n'est point proprement une nouvelle création mais seulement un éclipsement de la Sénéchaussée de Nismes, laquelle s'étendait auparavant en ce diocèse et par conséquent qu'il est meilleur de maintenir ce nouveau

---

(1) Voir le document précédent.

siège que non pas, par suppression, remettre ce diocèse en la dite Sénéchaussée de Nismes, qui est ville occupée par les hérétiques.

A cela sera répondu, qu'en effet c'est une nouvelle création, et de si grand nombre d'officiers, que le pays, pour la petite étendue et pour son extrême pauvreté, ne le peut supporter, comme il se voit par les moyens de suppression qui ont été tirés en un mémoire à part ; d'ailleurs, qu'estant le Sénéchal éloigné comme il était, le bailliage seul, qui a été de tout temps sur le lieu, connaissait de toutes causes entre toutes personnes privilégiées ou non, sans que personne put décliner sa jurisdiction ; et les appellations par le choix de l'appellant, allaient en la cour de parlement (1) comme il est expressément porté par le pariaige ; et ainsi le Sénéchal ne connaissait de rien, ains le présidial du dit Nismes ès cas de l'édit, comme il faict encore sur le Sénéchal même, ainsi qu'il est porté expressement par l'édit de création. Et par ce moyen le pays était d'autant plus soulagé, et n'avait cette multiplicité de Juges, ni de degrés de Jurisdiction, comme il a maintenant ; joint que les raisons principales qui donnent occasion au roi de supprimer les nouveaux officiers, demeurent toujours, et encore les particulières pour le repos de ce diocèse.

Et s'il est ajouté à leur première raison, que par le pariaige même, le Bailliaige n'est point sujet immédiat ressortissant nuement en la cour, et partant que par les édits du Roi, la connaissance lui est ostée de beau-

---

(1) Le Parlement de Toulouse.

coup de causes, qui est néantmoings attribuée aux sénéchaux, à cela sera doublement respondu, — premièrement, que la Jurisdiction du Bailliaige est soutenue par un contrat fait entre le Roi et l'Eglise auquel lui et ses successeurs sont obligés, sans en pouvoir déroger, par édit ni autrement, comme il est dit par exprès ; — secondement, qu'après l'édit de Crémieu, sur lequel le dit Sénéchal prend son fondement, le Roi a fait déclaration expresse qu'il entendait n'y avoir compris les Justices qui sont en pariaige entre lui et l'église ou aucuns seigneurs de son royaume, mesmement celles auxquelles il est obligé par contrat de confirmation de ses prédécesseurs et siennes ; joint que toujours les premières raisons demeurent pour soutenir la suppression.

Encore se pourrait aider d'aultres raisons : c'est que tout le diocèse n'est point du ressort du Bailliaige, et qu'il y a des terres propres au Roi, comme Marvejols et Chirac, qui ressortissent nuement au Sénéchal, et les propres de l'Evesque, comme sont Mende, Chanac, Serverette, Grandrieu ou autres terres qui sont du temporel, qui ressortissent de mesme au Sénéchal et non au Bailliaige, comme il est porté par le dit Pariaige. A cela sera aussi doublement respondu : — premièrement, qu'on peut dire cette même raison pour ledit Sénéchal, parce que la baronnie de Mercure, qui est une des plus belles du pays, et où il y a deux belles villes Salgues et le Malzieu, sont aussi éclipsées du Sénéchal, voire même du ressort de Toulouze ; et, en conséquent, cette raison qui est commune n'est considérable, si ce n'est pour donner d'autant plus de couleur à la suppression, parce que le reste du pays a d'autant moins de moyens de supporter cette nouvelle création, à cause de la diversité des degrés de Juridiction et de la multitude des officiers ; — secondement, que, par le même Pariaige, il y est pourvu en ce que, par iceluy, il est commis à l'appelant des terres propres de relever nuement en la cour.

Mais quand cela ne suffirait, il serait plus utile au roi et à l'église, et de plus grand soulagement au pays, qu'il plût au roi communiquer ses terres propres au Bailliaige par appel, et l'Évesque de même les siennes ad instar des terres communes et de le relever nuement en la cour ; et en cela, le Roi y a plus de commodité parce que ses propres terres, qui consistent en la ville de Marvéjols, sont du tout ruinées, et la ville rasée ensemble Chirac, et celles de l'église sont encore en bon état. Et ce serait une grande commodité à tout le pays et grand soulagement en la Justice, sans qu'il fut besoin de recourir à cette nouvelle érection, laquelle a apporté une trop grande altération au pays et causé la ruine d'iceluy.

Ou bien, en extrémité, en considération du peu de moyen que ce pays a de supporter une si grande charge par tant de degrés de justices et multiplicité de magistrats, et ayant égard à l'extrême pauvreté d'iceluy, à la petite étendue qu'il a, et pour rompre toutes les divisions et dissentions que cette nouvelle création a apporté, de maintenir un chacun en ses droits, qu'il plût au roi de conjoindre ces deux Justices et des deux sièges en faire un seul, composé du Sénéchal qui tient aussi l'office de Bailly, donnant le nom au Siège tel qu'il lui plaira, soit de Bailliaige soit de Sénéchaussée, des deux magistrats de robe longue qui y sont et de deux ou trois conseillers au plus et d'un avocat ou procureur du Roi et des deux greffiers qui sont aux deux sièges, à la charge que le roi pourvoira à une partie des offices et l'Evesque à l'autre, ou bien le Roi à tous, laissant toutefois la nomination d'une partie au dit Evesque, suivant les droits qu'il a par le Pariaige, et ce, afin d'oster la discussion et division à l'avenir, et de soulager le pays et y establir un bon ordre en la Justice, à la charge que ce siège ainsi composé, cognaistrait de toutes causes dont la connaissance appartient aux deux. Les appellations seront reçues en la cour de Parlement, estant impossible, sans cela, que les divisions et dissentions qui sont dans le pays cessent, ni les procès que cette création a engendrés sur la conservation des droits de l'Eglise sur le règlement de la Justice, et pour faire cesser les usurpations que ce nouveau siège à faites et continue encore sur les dits autres. Et, en cela, il en faudrait prendre la résolution par l'avis des Estats, afin, qu'après, il plut à Sa Majesté d'en faire expressement ses procurations, en cas que la suppression fut desniée.

MÉMOIRE DES PROVISIONS NÉCESSAIRES A OBTENIR POUR L'OBSERVATION DU PARIAIGE ET CONTINUATION DES DROITS D'ICELUY.

Fin de l'année 1588.

(Archives départementales de la Lozère, Série G. 918).

(INÉDIT)

Si tant était que le roi ne voulut accorder ni la suppression de la dite Sénéchaussée, pour tant de bonnes considérations, ni l'union des dits deux sièges du Sénéchal et Bailliaige pour le bien et soulagement du pays, et pour oster les divisions et dissentions que cette nouvelle érection y a apporté, et maintenir un chacun en ses droits, soit l'Eglise ou les officiers audit Bailliaige, sera Sa Majesté humblement suppliée de confirmer le Pariaige, et par le moyen d'icelluy conservant les droits à l'Eglise, ordonner que les officiers du dit Bailliaige connaitront de toutes choses, selon et tout ainsi que la connaissance leur en est attribuée par ledit Pariaige, avec inhibition et défense aux officiers du Sénéchal de les troubler ni empêcher, à peine de nullité et de fault et de suppression. Que Sa Majesté ordonne, en ce cas néammoins, que les dits droits seront déclarés et spécifiés suivant le dit Pariaige, et nonobstant tout ce qui pourrait avoir été ordonné, tant par l'édit de création que par les arrêts du Conseil, afin qu'il ne puisse être révoqué en doute à l'avenir. C'est assavoir que s'estant le Roi et l'Evesque ou son Eglise associés par le dit Pariaige, fait entre le feu roi Philippe le Bel et Guillaume Durand, lors évesque du dit Mende, non seulement en toute leur Juridiction haulte, moyenne et basse, mère et mixte empire, et en toute seigneurie et puissance temporelle, mais aussi au droit de régale en tout le comté évêché de Mende et pays de Gévaudan, en tous lieux et sur toutes personnes, nobles, gens d'église ou autres, et pour toutes causes et occasions, les officiers ainsi institués en cette association et puissance temporelle cognaistront de toutes causes personnelles, réelles possessoires ou mixtes, civiles ou criminelles, sur toutes personnes, gens d'Église, nobles ou autres, et privativement à tous autres juges, des crimes de lèse-majesté, fors le ...., pour fabrication et expédition de fausse monnaie, assemblées illicites, émotions populaires, port d'armes et infractions et de tous autres cas royaux, le droit de ressort par appel sur toutes les cours et justices ordinaires des Seigneurs du pays pour juger les appellations sans pouvoir relever au Sénéchal, auquel sera défendu d'en connaître devant ledit Bailliaige, ni aux ordinaires d'en promettre le relief à peine de privation de leur justice.

Et afin que la dite Jurisdiction du Bailliaige ne puisse estre [méconnue], que nul, de quelque qualité qu'il soit, ne pourra décliner la dite Jurisdiction, si ce n'est par récusation légitime ou par appel.

Que les appellations du Bailliaige seront relevées à l'option de l'appellant, au Sénéchal ou en la cour de parlement.

Que, dans le dit Bailliaige et comté de Gévaudan, suivant le dit Pariaige, n'y pourra avoir aultre scel pour les obligations que celui du dit Bailliage et que les personnes obligées ne pourront être contraintes dans le dit pays, si ce n'est en vertu du dit scel particulier, ni les causes traitées en premières instances qu'au dit Bailliage sans que le dit Sénéchal en puisse connaitre à l'avenir.

Que les Bailly et Juge au dit Bailliage ou leurs lieutenants pourvus par le Roi, reçus et examinés en la cour de parlement, assisteront, comme ils ont fait de tout temps, aux assemblées publiques, mêmes à celles des gens des Trois États, et procèderont au département des deniers du roi avec ceux qui ont accoutumé d'y procéder (1) et leur greffier, comme il a fait de tout temps en toutes les délibérations du pays.

Et qu'ils seront faites très expresses inhibitions et défenses au dit Sénéchal, juge-mage et leurs lieutenants et autres qu'il appartiendra de contrevenir à ce dessus en quelque façon que ce soit, à peine de désobéissance, privation de leurs offices et suppression du dit siège. . . . . ,

Néantmoins le dit Sénéchal, juge-mage et autres qui seront pourvus d'offices au dit siège, seront tenus de jurer l'observation de ce dessus et du dit Pariaige, sur mesmes peines, et, jusques avoir prêté le dit serment après la signification qui leur sera faite qu'ils ne pourront faire leur charge et exercice de leurs offices à peine de nullité de tous actes et autres peines susdites.

---

(1) C'est-à-dire les membres de « l'assemblée de l'assiette. »

Estat et compte de la despence faicte par moy, Jacques Decasalmartin (1), **député du Tiers Estat du pays de Gevauldan et diocèse de Mende, au voyaige des Estatz generaux de France tenus dernierement en la ville de Bloix, aux moys d'octobre, novembre et décembre en 1588 et janvier 1589.**

(Archives départementales de la Lozère, Série C. 1355).

Premièrement me charge avoir receu à mon despart de la présente cité, de M. Robert de Chanolhet, docteur ez droictz, sindic dudict pays de Gévaudan, la somme de...................... 86 escus sols.

Plus, estant à Blois, M. Maubert (2), sur son despart me fit prester quinze escus sol par M. Aoustet, juge de Langeac (3), que despuys ledict sieur sindic m'a dict avoyr renduz audict sieur Maubert, pour satisfaire audict sieur Aoustet, et parce ycy me charge de recepte........................ 15 escus.

Plus, ledict sieur a baillé à ma femme

---

(1) Probablement le notaire de Mende, dont les registres sont conservés aux Archives départementales.

(2) L'un des deux chanoines, députés du clergé.

(3) Chef-lieu de canton de l'arrondissement de Brioude (Hte-Loire).

pendant mon absence et pour subvenir
à mes afféres la somme de.......... 7 escus.

Plus, estant ycy de retour, ledict sieur sindic me bailla 18 escus sol pour satisfère et payer à Messieurs Le Noir, chanoyne de Béziers, Chenerac, notaire de Caux (1), la somme de 16 escus sol un tiers qu'ilz m'avoyent prestés par les chemins et pour payer partie de leurs despens qu'ilz firent icy en atandant leur remborcement, et par ce ycy...................... 18 escus.

Somme la recepte.......... 126 escus.

Despence :

Est à noter que le dernier jour du moys de novembre, an 1588, Mgr l'évesque de Mende, comte de Gévaudan, me fist ceste honneur de me mander venir en sa chambre, où estoyent ledict sieur sindic, le sieur de Rosses et plusieurs aultres notables personaiges dudict Mende, tractans de ce qu'estoyt à fère ausdictz Estatz pour ledict pays de Gévauldan. Et, après long discours, mondict sieur de Mende m'interrogea si je voulloys fère ledict voyage. Auquel je fey responce très humblement que, pour obéyr à ses commandemens et pour le bien et utilité du pays, je feroys tout ce que me seroyt possible. Et sur ce, ledict seigneur

---

(1) Actuellement chef-lieu de commune de l'arrondissement de Béziers (Hérault).

me comanda de pourvoyr à mes affères et me disposer à fère ledict voyaige.

Suyvant lequel commandement, j'auroys congedié mes parties et donné charge de leurs affaires à aultres de mon estat (1), pour les poursuyvre, comme ilz verront estre à fère, et suyvant l'instruction que je leur en auroys layssée, et me seroys pourveu de monteure et de certains accoutremens que m'estoyent nécessaires à fère ledict voyaige. Dequoy toutesfoys je ne feray ycy auleung article de despence, parce que j'entendz que ce soyt à mes despens et sur les gaiges qu'il plairra à mon dict seigneur de Mende et audict sieur sindic de me taxer pour mon voyage.

Et ayant ainsin disposé mes affaires et receu les memoyres (2) dudict sieur sindic, le dimanche 4e jour dudict moys de décembre 1588, me seroys mis en chemin avecques MM. Maubert et Leynadier, chanoines dudict Mende, et Falson, serviteur de chambre de mondict sieur de Mende, et serions allez, ledict jour, coucher à Saint-Chély-d'Apchier. Le lendemain à Ruynes (3), le rielendemain à Yssoyre, et le quatriesme jour à Marengues (4), où aurions séjourné un jour, pour ce questoyt la feste Nostre Dame, et

---

(1) Allusion à sa situation de notaire.

(2) C'est-à-dire les 3 mémoires précédents et les 2 requêtes publiées plus loin.

(3) Chef-lieu de canton de l'arrondissement de Saint-Flour (Cantal), situé à la limite de l'ancien Gévaudan.

(4) Chef-lieu de canton de l'arrondissement de Thiers (Puy-de-Dôme), situé près de l'Allier.

pour trouver bateau pour aller vitement sur eaue à occasion des grandz boues questoyent par les chemins sur terre, et vendre nos montures. Pour lesquelles 5 journées, à rayson de 50 sols tournois, le jour, monte ma despence 4 escus 10 solz tournois.

Et pour ce que je ne peuz vendre ma monture que avecque trop grande perte, je la baillez à Gabriel Maubert, frère dudict sieur Maubert, pour la readmener en ceste ville, et luy bailliaiz pour la despence que pourroyt fère par les chemins, 1 escu sol.

Et pour continuer nostre voyaige avec certains aultres que trouvasmes de companye, louasmes ung batteau que nous cousta despuys le port dudict Marengues jusques à Orléans, où demeurasmes quatre jours sur l'eau, vingt-cinq escus sols, montant troys escus à ma part. Et estans à Orléans, nous mismes aultre fois par eau sur ung aultre batteau, qui nous cousta à chascung 25 solz tournois jusques à Bloix.

Et pour ma despence, despuys ledict port de Marengues jusques audict Bloix, où demeurasmes cinq journées entières à bien aller, partant tousjours deux ou troys heures avant le jour, à rayson de trente-cinq solz tournois le jour, combien qu'en aulcungs lieux on en payast davantaige, et cinq solz tournois pour les valetz et chambrières des logis, monte 3 escus sol, à ma part.

Et estans arrivés à Bloix, lesdictz sieurs Maubert, Leynadier et moy aurions ensemblement loué une chambre garnye de meubles et illec aurions faicte nostre despence du mieulx que nous auroyt esté possible; de laquelle je feray cy après article pour tout le temps que je demeurés audict Bloix.

Et nous estans ainsin acomodés de logis, je me allez présenter à la Chambre de l'assemblé du Tiers Estat en la mayson de la ville dudict Bloix où je fuz receu après plusieurs difficultés qu'on me trouvoyt à dire et mesmes de n'estre venu au comancement de l'assemblée desdictz Estatz (1) ; et après ma réception, suyvant la taxe que avoyt esté faicte par lesdictz Estatz aux officiers de ladicte chambre, payé aux deux huissiers demi escuz à chascung.

Aux deux greffiers de ladicte chambre, pour le registre de ma procuration, expédition de l'arrest de ma réception et leurs aultres droictz, suyvant la taxe desdictz Estatz, 2 escus sol.

Au concierge qui fornissoit le bois à chauffer et les chandelles sur table, soir et matin, à l'entrée et sourtie desdictz Estatz, suyvant la taxe, ung escu.

Au couvent des Jacobins, où se disoyt la messe, et le sermon desdictz Estatz tous les dimenches et jours de festes, suyvant l'ordonnance desdictz Estatz, ung escu sol.

Et tost après que fusmes arrivés audict Bloix, les députés de Clermont et aultres villes du bas pays d'Auvernhe nous firent donner assignation pardevant M. de Maysse, conseiller au Conseil d'Estat du Roy, requerans que nous feussions condemnés au payement de XXIII mil escus sol, qu'ilz demandent au présent diocèse de Mende, et leur estre permis de nous contraindre par corps, comme plus à plein il résulte

---

(1) Henri III avait fait l'ouverture solennelle des Etats-Généraux le 16 octobre.

par la copie de leur requeste ; à laquelle assignation je me allez présenter par devant ledict sieur de Maysse, lequel, parties ouyes, nous régla à bailler par escript et produire tout ce que bon nous sembleroyt. Suyvant laquelle ordonnance, je dressois mon dire par escript et l'inventaire de production. Et après l'avoyr communiqué à Mgr l'arcevesque de Bourges (1), suyvant mez instructions, portais ma production au greffe dudit conseil, et payais pour la réception 15 sols tournois.

Et pour ce que ledict sieur de Maysse ne peust despecher cest affère devant son cartier, et qu'il s'en alla incontinent, je fus en peine de recouvrer mon sac. Et enfin se trouva entre les mains d'ung sien clerc qui me fist beaucoup de difficultés de le remettre, auquel payé, pour son vin, une pièce de 20 sols tournois.

Et feust après surrogé au lieu dudict sieur de Maysse, Mr Faulcon, seigneur de Rey, premyer président au Parlement de Bretaigne, et payé pour luy fère porter les sacz du procès au greffier du Conseil, pour son vin, 15 solz tournois.

Neaulmoings, pource que j'avoys au cayern de mes mémoyres plusieurs articles concernans particulièrement les affères dudict pays de Gévauldan, sur lesquelz lesdictz Estatz généraulz n'avoyent peu toucher et aussi que, après la tenue d'iceulx, il n'y eust rien de publyé, me voulant acquiter de ma charge, avec l'advis et opinion desdictz sieurs Maubert et Leynadier, je présentis requeste particulière à part à Sa

---

(1) Renaud de Beaune, ancien évêque de Mende, métropolitain d'Adam de Heurtelou.

Majesté et à nos sieurs de son Conseil d'Estat. Laquelle feust par plusieurs fois faicte, refaicte et communiquée à mon dict seigneur de Bourges, et finalement réduicte à certains poinctz concernans particulièrement les affères dudict pays. Et mesmes qu'il playse à Sa Majesté quicter et remectre tous arreyraiges de tailles ordinaires et extraordinaires, de quelque nature que ce soyent, pour le passé et pour l'advenir, de ne payer d'hores en avant pour les lieux désertz et inhabités, mays que cela soyt perdu au Roy et les receveurs dudict pays d'aultant deschargés en leurs comptes. Qu'il soyt aussy advouée la despence de 4,000 escus sol, employée des deniers du Roy, durant le temps de peste, pour la garde dudict Mende. Qu'il soyt permis fondre artillerie. Qu'il aye garnison audict Mende aux despens du Roy, sur ses finances. Et finalement que ledict prétendu debte d'Auvernhe soyt payé des receptes du Roy, comme plus à plain résulte par la requeste sur ce présentée à Sa Majesté, et recomandée très affectionement audict sieur de Rey, par M. le chevalier de Grilhon, comandeur de Gafrançoys (1), que s'y employa très volontairement et s'en ensuyvist responce au marge de chascung article de ladicte requeste, telle qu'elle se peult veoyr (2). Pour l'expédition desquelles responces feust payé à M. le greffier du conseil, ou son commis, deux escuz sol.

---

(1) Le Commandeur de Gapfrançais (ordre de Saint Jean de Jérusalem) avait droit d'entrée aux Etats du Gévaudan sous le titre de Monsieur de Saint Jean.

(2) Voir plus loin cette requête.

Au clerc dudict sieur de Rey, pour avoyr ladicte requeste en souvenance et recomandation, luy feust donné pour son vin, demy escu sol.

Et pource que, tost après le raport de la dicte requeste, ledict sieur de Rey fust comandé par le Roi d'aller exercer son estat de premier président audict Parlement de Bretaigne, où il feust tost après faict prisonyer de guerre et détenu au chasteau de Nantes, je me trouvis en peine pour le recouvrement de mon sac contre lesdictz d'Auvernhe, toutesfoys son hoste qu'estoyt ung orphèvre de Bloix, où il estoyt logé, le rendit librement au greffe et luy donnis pour son vin 15 solz tournois.

Au clerc du greffe que le vint chercher et recevoyr, pour son vin, 15 solz tournois.

Vient à présent yey en son rang, l'article de la despence de bouche que je fis en ladicte ville de Bloix, tant durant la tenue des Estatz que après, ensemblement avec lesdictz sieurs Maubert et Leynadier, jusques au dernier janvyer MVLXXXIX, que ledict sieur Maubert s'en revint et continuellement après avec ledict sieur Leynadier, jusques au sixiesme de mars ensuyvant, que le roi despartit de ladicte ville de Bloix et s'en alla en la ville de Tours. Laquelle despence, ung jour pourtant l'aultre, compté par le menu, revenoyt à 30 solz tournois pour home, sans y comprendre auleung rabillement de soliers ou chausses, papier, encre ny blanchement de chemises, mays seulement les vivres de nostre nourriture, le boix et louaige de la chambre, que revient à ma part, pour pour quatre-vingz jours entiers que demeurasmes audict Bloix, dès le 13 décembre jusques au sixiesme mars ensuyvant, à raison que dessus, 40 escus.

Et pour aller audict Tours à la suyte de Sa Majesté, ledict jour sixiesme mars 1589, nous mismes sur la rivière de Loyre et payasmes chascun pour le bateau 25 sols tournois.

Pour la despence d'ung chascung, par les chemins, estans venus coucher à Amboyse, despendismes 35 solz tournois.

Et estans en ladicte ville de Tours et le conseil assiz, baillay seconde requeste (1) attachée à la première baillée à Bloix, concernant le don des tailles pour la povreté du pays, l'entretenement de la garnison de Mende aux despens du Roy, et le payement du debte d'Auvernhe. Surquoy, au raport de M. Marcel, surintendant des finances, feust ordonné, pour le regard dudict debte d'Auvernhe, qu'il seroit faicte vérification de l'employ des munitions d'où procède ledict debte devant les trésoriers du dict Auvernhe, et ce pendant suréance d'exécutions pour quatre moys, et le surplus de ladicte requeste refuzé ; pour l'expédition duquel arrest en papier, payé au greffe demi escu sol.

Cependant, nonobstant ce, M. Saveron, procureur desdictz d'Auvernhe, poursuyvoyt à part de fère juger le procès et le fist distribuer à M. de Marle, maystre des requêtes de l'hostel du Roy. Par devant lequel je remontris de parolle et par escript que jusques à ce que lesdictz d'Auvernhe feroyent deuement aparoyr

---

(1) Voir plus loin ce document.

de la deslivrance des vivres dont est question et de l'employ d'iceulx, leur debte n'estoyt souffisamment justifiée et ne pouvoyent prétendre aulcune action pour ce sur le présent pays de Gevauldan; et fey remetre mes pièces ez mains dudict sieur de Marle; et pour ce faire paiis au clerc du greffe, pour son vin, 20 solz tournois.

Au clerc dudict sieur de Marle, qui s'employa honestement à fère entendre particulièrement nostre faict à son maistre, luy donnis, pour son vin, demi escu.

Surquoy, s'en ensuyvist arrest confirmatif de l'aultre précédent arrest, donné sur nostre requeste au raport dudict sieur Marcel, lequel je layssiz à lever, pour ce que l'exécution estoyt très difficile, et que n'avoys argent pour ce fère, joint que mon opinion estoyt telle que *nemo tenetur ferre arma contra se*. Mays ce a esté ledict Saveron qui l'a levé, et croy qu'il én poursuyt l'exécution et est bien à craindre que, faicte ladicte vérification, (laquelle ilz feront à playsir devant lesdictz trésoriers d'Auvernhe), ils nous facent condampner à payer entièrement ledict debte, combien que nous avyons deja descovert qu'il y a pour le moins neuf mille escus de vivres qui ne furent jamays employés et qu'il y a arrest dudict Conseil, par lequel la Reyne regnante eust troys mille escus des restes desdictz vivres non employés, ce que justement, pour le moins, pourroyt bien estre rabatu, au cas qu'il faudroyt payer le surplus. Mais faulte d'argent m'a empêché de veoyr la fin; et, sur ce, me résolus de m'en venir, et ay faict compte avec ledict sieur Leynadier de tout ce que avyons despendu en ladicte ville de Tours, despuys ledict jour, 6 mars, jusques au 15e juillet ensuyvant que j'en despartiz, qui sont cent dix jours entiers, à rayson que dessus de 30 solz tournois pour jour, monte 55 escus sol.

Et estant desparti dudict Tours, ledict jour 15e juillet 1589, à la companye de MM. Le Noir, chanoyne de Béziers, Severac, notaire de Caux, David Bouet, de Montpellier, et certains aultrés de Languedoc, qui me firent ce bien de me prêter argent pour despendre par les chemins et me porter mes hardes, lorsque je ne pouvoys trouver montures de louaige, auquel voyaige je fus constrainct, avec aulcungs qui estoyent à pied, pour obvyer les passaiges dangereux, de prendre troys nuictz la poste, et là où il n'y avoit point de poste, il m'estoyt force, aulcunes foys, de louer montures par les villaiges, que m'estoyent plus chières comme la poste, avec les guides que nous falloit avoyr continuellement tous les jours, de manière que, estant en ceste ville, je me trouvés avoir despendu 18 escus sol.

Et estant yey arrivé, du voulloyr et consentement du dict sieur sindic, je payé pour la despence desdictz sieurs Le Noir, Sévérac, David Bouet et aultres qui atandoyent le remborcement de ce qu'ilz m'avoyent presté, 1 escu deux tiers.

Et pour la perte et change des monoyes, ayant yey prins les escus à 63 et 64 sols chascum, et n'en ayant passé aulcung le mieulx de poyx que à 60 solz tournois, et sur les moins courtz d'ung grain tant seulement que n'y aye perdu 5 solz au plus, et de mesmes sur toutes aultres pièces de 10, 15, 20 solz tournois ou testons, ou ne y aye fallu perdre, demande, saulf vostre taxe, 6 escus sol.

Et pour mes peines et vacations dudict voyaige, despuys le moys de décembre jusques à la fin de juillet, que sont huict moys, comprins le premyer et le dernier entiers, à raison d'un escus pour jour, saulf vostre taxe, demande 240 escuz sol.

La précédent despence monte, saulf erreur de compte 385 escus sol et 25 solz tournois.

Et pour ce, rabattue la recepte, me reste à mon compte, soubz le bon playsir de mondict seigneur de Mende et de Messieurs des Estatz, 257 escus 25 solz tournois.

Signé : DECASALMARTIN.

LETTRE DU ROI AU BAILLI DE LA VILLE DE MENDE.

2 janvier 1589.

(Archives départementales de la Lozère, Série C. 1791).

De par le Roy,

Notre amé et féal, ne voulant laisser en doubte aucun de nos subjectz catholicques de l'intention à l'entretenement de nostre édict du mois de juillet dernier, concernant l'union de toutz nos dictz subjectz catholiques pour l'extirpation de l'hérésie, ny de la clémence que nous voulons user à l'endroict de ceulx qui auroient participé aux contraventions qui y auroient esté faictes, dont on auroit esté faict le chastiment sur aucuns des chefz (1) et autheurs, nous avons, sur ce, faict expédier noz lettres patantes en forme de déclaration, icelles estre publiées en nos Courtz de Parlement ; et neantmoins, pour rendre iceulx noz subjectz plus promptement esclairez de nostre volonté et résolution en cest endroict, nous avons advis vous envoier aussi le double collationné de nos dictes lettres (2), que vous trouverez avec la présente, comme nous faisons à tous autres ayans semblable charge que vous ; et vous mandons en fère fère la publication en vostre ressort, sans attendre celle qui sera faicte par auctorité de nos dictes Courtz de Parlement, à ce que tant plustost chacun se dispose de se conformer à ce qui est porté par icelles.

Si ny faictes faulte, car tel est nostre plaisir.

Signé : HENRY.

---

(1) Allusion au meurtre récent des Guises.

(2) Nous n'avons pas retrouvé ces lettres aux archives départementales de la Lozère.

Première requête des États catholiques du Haut Gévaudan présentée au Roi, en son Conseil d'État, par P. Maubert, chanoine, député du clergé, et Decasalmartin, député du Tiers.

Blois, le 10 février 1589.

(*Archives départementales de la Lozère, Série C. 953.*)

AU ROY

Sire,

Voz très humbles et obéyssans subjectz catholicques du hault pays de Gévauldan et diocèse de Mende, en vostre païs de Languedoc, louent Dieu de la saincte et louable résolution qu'il a pleu à vostre Majesté prendre d'assembler les Estats généraulx de vostre royaume pour entendre les misères et doléances d'ung chascung et y pourvoir des remèdes nécessaires, telz que vostre Majesté et la prudence de Nosseigneurs de vostre Conseil sçaura trop mieulx adviser. A laquelle assemblée les supplians auroyent envoyé leurs depputtez au plustost que leur auroyt esté possible. Mais pour aultant que leurs misères et calamités, sont spécialement personnelles et surmontans par dessus toutes aultres de vostre royaume, la pluspart auroyent esté remises par les gens desdictz Estatz à vostre Majesté pour y estre pourveu sellon vostre bon plaisir et volonté.

Et affin que vostre Majesté puisse entendre ce que c'est de l'estat et misères dudict païs, il sera vostre bon

plaisir estre adverty que c'est ung pouvre et misérable
païs, des plus infructueux que soyt en tout vostre
royaulme, consistant une partie en païs de montaignes de grande estendue, froydes et humides, la pluspart du temps couvertes de neige, où il ne y a que
bois et herbaiges pour la norriture du bestail et quelques terres labourables pour recueillir quelques bleds,
seigle et avoyne tant seullement, sans aucuns aultres
fruitz que l'on en puisse faire estat, en laquelle partie
est la demeurance des pouvres suppliaus, vos très humbles et obéyssans subjectz catholiques (que desjà sont
réduictz à toutalle ruyne et désolation), — et l'aultre
partie c'est ung païs bossu, tout monts haultz et val-
lées profondes, de difficile accez qu'on appelle les Cé-
vènes, tout remply de gens hérétiques, libertins, in-
fidelles, volleurs, larrons, brigands, assassinateurs,
faulx monayeurs, rebelles à votre Majesté et pertur-
bateurs du repos publicq de vostre royaume, lesquelz
depuis trente ans (1) en ça n'ont cessé d'aller, venir,
courir et briger noises et guerres à vos dictz subjectz catholicques, de manière que, par leurs invasions et surprinses, ils ont ruyné, pillé, ravagé et sacagé toutz les
villages et la pluspart des villes dudict païs de Gévauldan, et mesmement la ville de Mende, cappitale dudict
païs, qui feust surprinse la veille de la Noël à la my
nuict en l'an XVe septante neuf, où ilz firent ung cruel

---

(1) Ce fut en 1560 et en 1561 que « ceulx des Cévennes reccu-
rent avec une merveilleuse ardeur la vérité de l'Evangile.... »
(Théod. DE BÈZE, *Histoire ecclésiastique des Eglises Réformées
du Royaulme de France*, t. I, p. 123. — Toulouse, édit. Vesson,
1882).

massacre de la pluspart des habitans d'icelle, mirent les aultres prisonniers, leur firent paier rançon pour leurs personnes, pillarent leurs biens, leur firent rançonner les bastimens de leurs maisons, et encores, après y avoir demeuré deux ans ou environ, ont ravaigé tout le païs avant que les en pouvoir tirer par aulcung moïen (1); les pouvres supplians feurent contrainctz de s'obliger pour l'achapt de deux places nommées la Gorce et Salavas (2), que le sieur d'Apchier(3) vendist au cappitaine desdietz voleurs nommé Le Merle. Ilz ont payé despuys journellement les intérestz que leur reviennent à présent à plus de cinquante mille escus sol.

Il est vray, Sire, que sur l'instante requête des suppliants il auroit pleu à vostre Majesté leur donner la moitié de vostre ayde et octroy pour le temps de doutze années aux fins d'acquiter leurs debtes faictz durant ladicte détention (4); mais le mal est tel

---

(1) Consulter l'ouvrage de M. DE PONTBRIANT sur *Le capitaine Merle* (Paris, édit. Picard). Consulter en outre les tomes II et III des *Documents sur les guerres de Religion en Gévaudan*, publiés par M. F. ANDRÉ. — Mende, édit. Privat, 1886-87.

(2) L'acte de vente de « la baronnie de la Gorce et chatellenie de Salavas », en Vivarais, au capitaine Merle (12 juin 1582) a été publié dans le *Bulletin* de la Société d'agriculture, sciences et arts de la Lozère, en 1887, p. 311. (Arch. départ. Lozère, Série G. 626).

(3) Philibert, comte d'Apcher, zélé catholique, l'un des huit barons du tour du Gévaudan.

(4) « Lettres patentes du don faict par le Roy au païs de Gévauldan des deniers des tailles du diocèse », 11 avril 1583. (Arch. départ. Lozère, Série C. 2), publiées par M. F. ANDRÉ dans ses *Documents sur les guerres de Religion en Gévaudan*, t. III, pp. 89 et suiv.

que, la moitié donnée, de la moitié retenue il ne s'en peult lever un tiers que puisse estre employé à vostre intention, quelle diligence qu'on y face, comme il se voit manifestement par les comptes des receveurs.

Parce que despuis, lesdictz ennemys au lieu de se contenir n'ont cessé plus fort de les vexer et molester par toutz les moyens qu'ilz avoient peu panser, ayant la ville de Marvejolz et le chasteau de Peyre audict hault païs de Gévauddan à leur dévoction, où ilz auraient toujours tenu une forte et puissante garnison des gens desdictes Cevènes, et d'illec auroient trouvé moyen se saisir de ladicte ville du Malzieu, où ilz auroient establv une aultre forte et puissante garnison de leur party. Ils ne faisoient journellement que courir et tenir les champs, pillant et ravaigeant toutz les villaiges et tenant tout ledict païs à leur subjection et non seullement ledict païs mais aussi tous les aultres des environs.

Que feust cause, Sire, que, en l'année mil cinq cens huictante cinq, il pleust à vostre Majesté donner charge et commandement audict seigneur de Sainct-Vidal, chevalier de vostre Ordre, de dresser armée et assiéger ladicte ville de Marvejols (1), comme estant estant la source et fontaine de toutz les désordres dudict païs, lequel à ces fins auroit faict si grand amaz

---

(1) Le 13 août 1585, M. de St-Vidal reçut du Roi l'ordre de réduire en son obéissance « la ville de Maruéjols, chasteau de Peyre et aultres places occupés par ceulx dudict party ». — F. ANDRÉ, *Documents sur les guerres de Religion en Gévaudan*, t. III, p. 172.

de gens, une si grande levée de deniers et munitions, et une si grande foulle par le plat païs que la pluspart des gens auroyent esté contrainctz d'aller mendier leur vye aux païs circonvoisins.

Et ayant ladicte entreprinse sorty aucung effect, en l'année suyvant mil cinq cens huictante six, il auroit pleu à vostre Majesté envoyer une vostre forte et puissante armée conduicte par feu (1) Monseigneur le duc de Joyeuse, pair et admiral de France, lequel par sa valleur auroit réduict à vostre obéyssance lesdictes ville de Maruejolz, le Malzieu et chasteau de Peyre.

Pour l'entectenement de laquelle armée les pouvres supplians se seroient mis en fraiz, tellement qu'il ne leur seroit rien demeuré de la collecte de leurs fruictz, et oultre ce se seroient endebtés de plusieurs grosses sommes montant à plus de cinquante mil escus sol, en plusieurs et divers lieux et entre autres à Monsieur le marquis de Canillac (3), aux eschevins de

---

(1) Le duc de Joyeuse avait été tué à la bataille de Coutras (1587).

(2) Voir plus haut, p. 50.

(3) Le marquis de Canillac, Jacques de Beaufort, l'un des huit barons du tour du Gévaudan, servit dans les armées de la Ligue. La baronnie de Canillac confinait au Rouergue ; elle était située dans le canton actuel de La Canourgue, arrondissement de Marvejols. Sur les avances faites au Gévaudan par le marquis de Canillac et l'Auvergne, consulter : F. ANDRÉ, *Documents sur les guerres de Religion en Gévaudan*, t. III, pp. 228 à 236.

Clermont et plusieurs aultres, tellement et de manière qu'ilz ne savent le moyen de s'en prouvoyr acquiter, estant à raison de ce vexés et molestés journellement par emprisonnement de leurs personnes.

Oultre ce, ilz ont esté visités de la main de Dieu par une sy admirable et incroyable mortalité de peste (1) qu'il n'est presque rien demeuré audict païs tant aux villes que par les champs.

Dont il est advenu telle famine et pouvreté (2) audict païs que la pluspart de ceulx qui sont demeurés en vye ont esté contrainctz de quicter et abandonner leurs maisons et biens et s'en aller aux aultres païs des environs pour gaigner leur pouvre vie (3); tellement et de manière que ce n'est aujourd'huy que ung païs désert et inhabité, où il ne se trouve par les champs que loups et bestes sauvaiges qui dévorent les gens là ou ilz les peuvent trouver, et les ennemys qui sont ordinairement sur les passaiges attendant les marchants ou aux aguetz et dilligences pour surprendre les villes et forteresses dudict païs. A occasion de quoy non seullement vos deniers restent à lever mais aussy tout le labour et culture des terres du plat pays et le trafficque et commerce de toutes les den-

---

(1) Voir plus haut, p. 56, note 1. Cette peste commencée vers la fin de l'année 1586 ne cessa que pendant les derniers mois de 1588.

(2) Voir plus haut, pp. 56 et 57, le prix de certaines denrées en, Gévaudan en 1587.

(3) Voir plus haut, pp. 57 et 58, un « Extrait de l'état des terrains abandonnés ou incultes dans divers lieux du Gévaudan ». (Arch. départ. Lozère, Série C. 21).

rés y cesse continuellement au très grand domaige et désolation de vostre pouvre peuple, qui ne sçayt plus de quel cousté se tourner.

Pour ces causes, sire, et affin que vos dietz pouvres subjectz puissent respirer et se remectre en leurs maisons et héritaiges qu'ilz ont par cy devant habandonnés, tant pour l'injure du temps de peste, guerre et famine que ont eu cours tout ensemble audict païs, que pour les insupportables charges que leur ont esté imposées d'une part et d'aultre, et que ledict païs se puisse repeupler et les terres vaccantes estre réduictes et remises en labouraiges, — soict vostre bon plaisir incliner vostre œil de pitié et compassion sur eulx et pourvoir à leurs nécessités, suivant vostre bonté accoustumée; et, ce faisant, ordonner que toutz les arreyrages des tailles et impositions qui ont esté faictes sur lesdictz subjectz catholicques, tant en sommes de deniers que en quantités de vivres et munitions, de vostre authorité ou des gouverneurs et administrateurs des affaires dudict pays despuys ces misérables troubles et guerres civilles que courent en vostre royaume, ou pour le moingz despuis les aultres derniers Estatz tenus en ladicte ville de Blois, en l'an mil cinq cens septante sept, lesquelz on n'a peu lever aux temps et termes ordonnés par la grand et extrême pouvreté de vos dietz subjectz catholicques, leur soient remis et quictés, et que revenant en leurs maisons ne leur puissent estre demandés à celle fin que, à occasion de ce, ilz ne soient contrainctz de quiter du tout le droit qu'ilz ont en la propriété de leurs hérédités, et, de tant que les exacteurs et collecteurs desdictz arreyraiges se pourroient en ce ressentir estre intéressés, qu'il vous plaise ordonner qu'ilz en soient d'aultant deschargés à la reddition de leurs comptes et sy desdictz arreyraiges aucuns dons estoient faictz à personnes quelconques, soyt aussy vostre bon plaisir revocquer et déclairer de nul effect.

En marge : « Sera mandé aux trésoriers généraulx de France en Languedoc, de dresser estat des restes deubz en ladicte généralité et des assignations levées sur icelles pour icelles rapporter, et, veu audict Conseil, estre pourveu au soulaigement et descharge du peuple et desdictz supplians ».

Et en mesme considération, Sire, de tant que, audict païs de Gévauldan, les tailles y sont réelles, et à occasion de ce il est accoustumé faire le despartement de voz deniers, tant ordinaires que extraordinaires, généralement sur toutes et chascunes des terres, possessions rurales d'ung chascung, tant d'ung party que d'aultre, dont après il advient que les receveurs n'en peuvent lever que la part de voz pouvres subjectz catholiques, et encores entre eux il s'en trouvent plusieurs qui sont du tout insolvables à occasion des inconvénients que surviennent du soir au matin, que a esté cause que par cy devant voz dictz subjectz catholicques ont esté contrainctz de paier et fère le fondz de voz dictz deniers à vos receptes, non seullement pour lesdictz insolvables catholicques, mais aussy pour lesdictz ennemys et rebelles à vostre Majesté, dont ilz en sont du tout à extrême pouvreté et finalle confusion, — plaise à vostre Majesté déclarer quittes doresnavant vos dictz subjectz catholicques en payant chascun sa cottité et qu'ilz ne puissent estre contrainctz à paier l'un pour l'aultre, ny en leurs personnes, outilz et bestail de laboraige, et qu'ilz soient aussi deschargés de la portion et cottité des Cevènes qui sont en tout refuzans (1), et des pouvres catholiques insolvables et voz recevoirs d'aultant quittes et deschargés à la reddition de leurs comptes; ayant sur ce esgard et considération qu'il est impossible aux supplians de faire tousjours le fondz de vos deniers bon à voz receptes pour lesdictz ennemys et insolvables et que si ceste façon de fère avoit plus cours, ilz seroient contrainctz habandonner leurs maisons et herédictés, et par ce moyen tout le païs en général serroict du tout en perdiction.

En marge : « Sa Majesté ne peult, quand à présent, aulcune chose innover sur la forme observée à la levée desdictz deniers. Touteffois sera mandé aux trésoriers généraulx donner advis à Sa Majesté sur le contenu de cest article, pour après pourvoir aux supplians ».

Et pour ce, Sire, que audict païs de Gévauldan, en toutes les assemblées des Estatz dudict païs et mesmes en l'assiette et despartement de voz deniers, les gens nobles et plusieurs aultres qui viennent aux despens de vostre pouvre peuple et se font taxer pour leurs voyaiges grandz sommes de deniers, et oultre ce, font plusieurs grandz dons à diverses personnes dont il advient une grande surcharge à vos dietz pouvres subjectz, — soict le bon plaisir de vostre Majesté ordonner que doresnavant chacun ordre des Estatz soit tenu venir ausdictes assemblées, si bon leur semble y

---

(1) Voir plus haut, p. 65, les localités cévenoles où le receveur du diocèse n'a fait aucune levée de deniers ordinaires.

venir, à leurs despens, avec inhibitions et deffences sur certaines et grandz peynes de ne fère aucungz dons ny présans du bien de vostre pouvre peuple à personne quelconque que ce soict, estantz vos dictz pouvres subjectz si estennés et acablés qu'ilz n'ont plus moien de supporter les grandz fraiz et dons insupportables que se faisaient ausdictes assemblées des Estatz.

En marge : « Sera mandé aux trésoriers généraulx de donner advis à Sa Majesté de la descharge et retranchement que se peult faire desdictz fraiz et dons et contenu audict article ».

Au surplus, Sire, durant lesdictes afflictions de peste, guerre et famine que ont heu cours ensemblement audict païs, les habitans dudict Mende auroient esté contrainctz soy secourir de la moitié de voz deniers de l'ayde et octroy pour la garde et conservation de ladicte ville cappitalle dudict païs, et aussy pour chasser et sortir lesdictz ennemys qui s'estoient remis en la ville de Chirac (1) qu'ilz avoient auparavant raynée, et y faisoient nouveaulx edifices et bastimens de forteresses pour continuer leurs pernicieulx desseingz. Plaize à vostre Majesté avoyr agréable ladicte despence et employs de vos dictz deniers que se

---

(1) Sur la prise de Chirac, (aujourd'hui commune du canton de St-Germain-du-Teil, arrondissement de Marvejols) par les Réformés, en décembre 1587, et la reprise de la ville par les catholiques, fin mars 1588, consulter F. ANDRÉ, *Documents sur les guerres de Religion en Gévaudan*, t. III, pp. 335 à 367. Les Réformés rendirent la ville contre le remboursement d'une somme de 1,500 livres. (Ibid, p. 360).

pourra monter environ quatre mille escus tant seullement, et ordonner qu'ilz soient admis et alloués aux comptes des receveurs, sur les conterollés qu'ilz remectront devers messieurs les trésoriers de voz finances au bureau establi par vostre Majesté en la ville de Narbonne.

En marge : « Avant que de pourvoir sur ce, est ordonné que l'estat de ladicte despence deuement certifié sera envoyé audict Conseil pour, iceluy veu, pourveoir aux supplians sur ladicte validation et descharge. »

Et d'autant, Sire, que lesdictz ennemys continuent journellement à toutes heures leurs malignes entreprises sur les pouvres supplians, vos très humbles subjectz catholicques, venantz toutes les nuictz assaillir quelque fort avec pétardz, grenades, et aultres engins et machines de guerre, aient pillé et saccaigé toutz les villaiges l'ung après l'aultre, à occasion de quoy, il est du tout impossible de pouvoir désormais fère plus d'impositions extraordinaires, estant ledict païs inculte et sans aucune semence, tant à occasion desdictz occupations et empeschemens desdictz ennemys que pour la grande et extrême pouvreté de voz dictz subjectz catholicques et des ruynes advenues audict païs de plusieurs villes et villaiges des meilleurs que y fussent. A occasion de quoy ledict païs s'en porroyt du tout aller à perdiction à faulte de gens et de moïens pour les entretenir. Pour à quoy obvyer et affin que vos dictz pouvres subjectz catholicques se puissent conserver en vostre obéyssance et en nostre saincte foy et religion catholicque, plaise à vostre Majesté leur octroyer sur voz deniers de l'équivallent, taillon et creues audict païs, la solde et entretènement de trois cens hommes de pied et cinquante à cheval en ladicte ville de Mende et aultres lieux des environs pour la conservation dudict païs aux taux de voz ordonnances tant que la nécessité durera.

En marge : « Le Roi ne peut, pour la nécessité de ses affaires, accorder la solde et entretènement des dictz troys cens hommes de pied et cinquante de cheval sur les finances ordinaires ; mais que lesdictz suplians advisent s'ilz ne se peuvent conserver d'eulx mesmes, de faire quelque levée extraordinaire de deniers dont ilz advertiront Sa Majesté, affin d'obtenir d'elle pour cest effect ».

Et affin que les dictz ennemys soient en terreur et crainete de venir si souvent, comme ilz font journellement, assaillir les villes et fortz dudict païs de Gévauldan où ilz n'ont laissé une seulle beste pour le laboraige et qu'on les puisse aller assaillir là où ilz seront quand besoing sera, plaira à vostre Majesté leur permectre la reffonte d'un canon inutile qu'ilz ont achepté du seigneur de Lastic (1) et le convertir en aultres pièces plus utiles et portables pour servir à vostre Majesté et à la conservation dudict païs.

En marge : « Sa Majesté leur accorde le contenu en cest article ».

Et pour aultant, Sire, que, à la très humble supplication et requête des catholiques habitans dudict païs

---

(1) Le sieur de Lastic était capitaine d'un corps de troupes de soldats catholiques.

de Gévauldan, il auroit pleu à votre Majesté, en l'année mil cinq cens quatre vingt et trois (1), leur accorder et faire don de la moitié de voz deniers de l'ayde et octroy pour doutze années consécutives, pour leur donner moïen de s'acquitter et paier les debtes par eulx faictz et conceuz au temps que ladicte ville de Mende estoit détenue par lesdictz ennemys (2), et que lesdictz habitans en estoient dehors, pour le recouvrement d'icelle, lorsqu'estoyt détenue par lesdictz ennemys. Laquelle moitié ne peult suffir pour acquitter leurs dictes debtes pour ne pouvoir faire la levée entière, attendu le grand nombre des insolvables que sont audict païs, les ungz pour leur grand pouvreté et impuissance, les aultres pour estre hérétiques et rebelles à vostre Majesté (3). Ilz supplient, à ceste cause, très humblement vostre Majesté leur voulloir accorder, ausdictes fins, l'aultre dicte moistié retenue de vos dictz deniers de l'ayde, octroy pour doutze mil escus par an tant seullement.

En marge: « Le Roy ne peult, quant à présent, faire aucune remise, attendu le besoin que Sa Majesté

---

(1) Voir dans les *Documents sur les guerres de Religion en Gévaudan*, publiés par M. F. ANDRÉ, t. III, pp. 89 et 90, les « Lettres patentes relatives au don faict par le Roy au païs de Gévauldan de la moitié des deniers de l'ayde et octroy dudict païs, pour doutze années », le 11 avril 1583. (Arch. depart. Lozère, Série C. 2).

(2) Occupation de Mende par Merle en 1580 et 1581. Il i l. p. 293.

(3) Voir plus haut, pages 64 à 66, la liste des localités où le receveur du diocèse n'a pu lever aucun denier.

a des deniers pour subvenir à ses affaires de la guerre ».

Et, sur le tout, leur octroyer les provisions nécessaires.

Ce faisant, Sire, les pouvres supplians seront tousjours, de mieulx en mieulx, plus affectionnez à vostre très humble et agréable service et prieront Dieu continuellement acroystre vos félicités et conserver vostre sancté.

P. MAUBERT, *depputé du clergé*. — DECASALMARTIN, *depputé du Tiers Estat du dict pays de Gévauldan.*

Ces remonstrances ont esté accordées au Conseil du Roy tenu à Bloys le dixième jour de février mil cinq cens quatre-vingt-neuf (1).

GUYBERT, *ainsy signé.*

---

(1) Voir plus haut, p. 144.

DEUXIÈME REQUÊTE DES ÉTATS CATHOLIQUES DU HAUT GÉVAUDAN, PRÉSENTÉE AU ROI, EN SON CONSEIL D'ÉTAT, PAR P. MAUBERT, CHANOINE, DÉPUTÉ DU CLERGÉ, ET DECASALMARTIN, DÉPUTÉ DU TIERS.

Tours, le 16 mai 1589.

(Archives du département de la Lozère. Série C. 955).

AU ROY

Sire,

Voz très humbles et très obéissans subjectz catholicques du païs de Gévauldan et diocèse de Mende, en vostre province de Languedoc, auroient en toute humilité présenté la requête cy attachée à vostre Majesté contenant entre autre chefs, au cinquiesme article, qu'il feust vostre bon plaisir leur octroyer sur les deniers de voz finances audict païs la solde et entrenement de trois cens hommes de pied et cinquante à cheval pour la conservation d'icelluy. Auroyt esté respondu par vostre Conseil que pour la nécessité de vos affères Vostre Majesté ne pouvoyt accorder le contenu audict article sur voz finances ordinaires, mais que les supplians advisent s'ilz ne se peuvent conserver d'eulx-mesmes, de faire quelque levée de deniers extraordinairement dont ilz advertiront Vostre Majesté pour obtenir provision à cest effect (1). Sur quoy, Sire, Vostre Majesté est très humblement sup-

---

(1) Voir plus haut, page 162.

pliée vouloir mectre en considération que le dict païs, de son naturel, est ung des plus pauvres et infertilles qui soyt en vostre obéissance, et, comme tel, il a senty plus vivement les misères et calamitéz que l'injure du temps a aportées, de manière que c'est, pour le présent, chose notoyre et manifeste qu'il est le plus affligé et misérable que soiet en tout vostre royaulme, ayant souffert la guerre continuelle despuys trente ans, la famine mortelle despuys vingt ans et la pestillence contagion par deux foys despuys doutze ans, la première que dura deux ans, et la dernière trois, la plus forte que soict esté veue de mémoyre d'homme en tout vostre royaume tant par les champs que par les villes, de manière que, en une part ny aultre, il n'est presque rien demeuré, estant à présent la plus part des villaiges champestres désertz et du tout inhabités et les terres que souloyent estre en laboraige sans aucune culture ny semence, et quant aux villes clozes, là où il solloyt avoyr mille personnes, n'en y a pas aujourd'huy doutzènes. Quoy voiantz les ennemys ne cessent continuellement à veiller sur eulx pour les surprendre. A occasion de quoy estans en continuelle alarme, ilz sont contrainctz laisser leurs vaccations et möiens de gagner leur vye et se tenir continuellement sur les murailles. Ce que, comme Vostre Majesté peult trop mieulx avoir en considération, ne pourroit longuement durer et partant ilz se pourroient trouver en grand dangier de perdition. Oultre ce, Sire, il n'est pas question seullement de garder les portes et murailles des villes, ny les tours et chastaulx des Seigneurs du plat païs, mais il est question et principallement besoing de tenir le plat païs en telle seurté que les laboureurs puissent labourer leurs terres en asseurance et sans dangier de leurs vies, à peyne de mourir de faim. Ce que ne se peult faire sans gens soldoyés et à gaiges pour cest effect que soient toutz les jours sur les champs et qu'on les face venir des lieux et païs circonvoisins, où il n'y a eu si grand mortalité de gens. Et quant est de les entretenir par imposition de deniers extraordinaires sur ledict païs, soiet le bon plaisir de Vostre Majesté considérer que, à occasion de la guerre qui a duré trente ans ou plus continuellement audict païs, il y a eu tant et tant d'impositions extraordinaires de deniers, vivres et aultres munitions d'ung party et d'aultre et tant et plus de rigoreuses exécutions et contrainctes, que c'est cas non seullement esmerveilhable, mais bien incroyable, qu'ung si pouvre païs de montaignes infertilles les aye peu supporter, dont aussy en fin finale ilz en sont devenus à extrême pouvreté et une des principalles occasions avec la mortalité de la contagion qui a rendu le plat païs désert et inhabité. Et par tant il est non seullement impossible de fère levées de deniers extraordinaires (1), mais, que pis est, de y fère seullement la levée de voz propres deniers ordinaires, voyre

---

(1) Dans le compte de M. Parat, commis de M. Tardif, receveur des tailles du diocèse de Mende, (voir plus haut, pp. 59 et suiv.) le total des « dépenses et repris » des deniers extraordinaires » s'élève à.................... x^{e}viii^{c}xi^{l}iiii^{s}ix^{bs}.

Or la « recepte ne monte qu'à..... ix^{e}iii^{c}lxv^{l}xviii^s.

« Par ce, est dû au comptable, pour avoir plus fourni que receu............ xiii^{c}xlv^{l}xxvi^{s}vi^d.

en une infinité de beaux lieux et villaiges que solloyent estre bien peuplés de gens, il seroict malaisé de y trouver à présent personne à qui parler, comme plusieurs personnaiges qui sont de présent à la suite de vostre Cour porroit, sy besoing est, véritablement tesmoigner.

Et pour ce, Sire, il plaira à Vostre Majesté accorder et octroyer aux supplians la solde et entretenement desdictz trois cens hommes de pied et cinquante à cheval, sur les deniers de vos finances audict païs pour la conservation d'icelluy en vostre obéissance en laquelle ilz désirent se maintenir jusqu'au dernier souspir de leur vye (1).

Et par le septième article de leur dicte requeste auroient très humblement remonstré à Vostre Majesté que le grand nombre de debtes qu'ilz ont faict pour se conserver en vostre obéissance avec les intérests qu'ilz en paient toutz les jours les acable du tout en tout ; et mesmes l'achapt qu'ilz firent des deux places que feurent baillées au cappitaine Merle, pour le tirer de la ville de Mende, cappitalle dudict païs, et aultres, montant à plus de cent mille escuz, pour le payement desquelz en l'année mil cinq cens quatre vingt et trois Vostre Majesté en estant bien et deuement informée leur auriés accordé la moitié de voz deniers de l'ayde et octroy audict païs pour douze années. Mais le mal est que les povres supplians ne peuvent joinr du fruict de vostre libéralité parce que, comme il est trop raisonable, la moitié retenue de vos dictz deniers se prend

---

(1) A rapprocher du document publié plus haut, pp. 109 et 101.

sur les deniers plus clairs et plus liquides de l'aultre moitié donnée audict païs, et reste la plus part à lever, à occaision des lieux occupés, ruynés et désertz. Et par ce, supplyoient à Vostre Majesté leur accorder, aux dictes fins, l'aultre moitié retenue de vos dietz deniers de l'ayde et octroy, tant seullement. Ce que Messieurs de vostre Conseil présupposant que ce soict plus que n'est, leur auroient refuzé.

Sur quoy, Sire, plaira à Vostre Majesté avoir en considération que les supplians, au petit nombre qu'ilz sont, ne peuvent aucunement avoir le moyen de fère le fondz de voz deniers à voz receptes, à cause des lieux occupéz, désertz et ruynés, ny acquiter les grandz debtes qu'estaient faictz audict an mil cinq cens quatre-vingt-trois, pour le recouvrement des villes et lieux occupés, et entretenir les garnisons qui leur sont nécessaires, sans le secours de vostre libéralité et bonté accoustumées.

Oultre ce, il est à noter que la cottité de vos dietz deniers de l'aide et octroy au despartement que se faict aux Estatz Généraulx dudict païs de Languedoc ne se monte jamais, sur ledict païs de Gévauldan et diocèse de Mende, guyères plus de huict ou neuf mille escus, dont il n'est possible d'en lever la moitié, à raison comme dict est, des lieux occupéz par les ennemys et des lieux ruynés et désertz par les injures du temps; et si la levée en est difficile, la conduicte en est autant difficile à occasion des empeschemens qui sont par les chemins, tellement que à ceste occasion la levée, ou la conduicte couste aultant presque que les deniers pourroient monter.

Et pour ce, Sire, plaira à Vostre Majsté accorder

aux supplians le don entier de vos dictz deniers de l'ayde et octroy pour doutze années prochaines, ou à tout le moings jusques à la concurrance de leurs dictes debtes que se trouvoyent faictz en la dicte année mil cinq cens quatre-vingt-trois, tant pour le recouvrement de ladicte ville de Mende que aultres lieux occupéz par lesdictz ennemys ou aultres leurs nécessités, et ce attendu que ladicte moitié donnée n'en peult souffrir y estre levée.

Et d'aultant, Sire, qu'en l'année mil cinq cens quatre-vingt-six, ayant pleu à Vostre Majesté ordonner une armée audict païs de Gévauldan, conduicte par feu Monseigneur le duc de Joyeuse, pair et admiral de France, pour remectre en vostre obéissance les villes de Marvejols, le Malzieu et chateau de Peyre, les supplians auroient paié pour l'entretenement d'icelle la somme de vingt-neuf mille escus, et oultre ce encores, par vostre exprés commandement qu'il vous pleust leur fère par vos lettres tant closes que patantes et soubz l'espoir que leur en estoit donné d'en estre deschargés, ilz se seroient obligés aux eschevins de Clermont et aultres particuliers habitans du bas pays d'Auvergne en la somme de xxIIII mille escus sol pour certains vivres qu'ilz auroient fournis à ladicte armée. Pour laquelle somme ilz sont journellement travaillés par emprisonnement de tant de gens qu'ilz peuvent atraper, dont il en y a déjà ung grand nombre aux prisons dudit Clermont sans aulcung moien de les en pouvoir tirer et de paier non plus ladicte somme pour estre du tout accablés de pouvreté, tellement qu'ilz ne sçauroient si tost sortir hors dudict Mende ou aultres villes dudict Gévauldan qu'ilz ne soient en danger d'estre prins ou par les huguenotz et ennemys ou par ceulx dudict païs d'Auvernhe.

A ceste cause, Sire, nous supplions très humblement Vostre Majesté qu'il vous plaise ordonner que ladicte somme soyt paiée des deniers de voz receptes dudict païs d'Auverhe et en descharger les supplians, ou à tout le moings, si tel est vostre bon plaisir, icelle soit advisée et proportionnée sur les diocèses du hault et bas païs d'Auverahe, Vellay et Rouergue, comme ayant tiré aultant de fruict et commodité de la réduction des dictes villes que pourroit avoir ledict païs de Gévauldan, et attendu principallement que les dictes obligations ont esté consenties par les supplians pour obéir à vos dictz très exprès commandementz qu'il pleust à Vostre Majesté leur faire, et qu'ilz ont paié ce à quoy ilz feurent cottizés pour leur portion de l'entretènement de ladicte armée, ayant oultre ce souffert la foulle et séjour que toute ladicte armée fist en corps audict païs de Gévauldan durant le temps de deux moys (1), et les supplians prieront Dieu augmenter vos félicitéz et conserver vostre sancté.

DECASALMARTIN, *depputé dudict païs.*

---

(1) Août et septembre 1586. Voir plus haut. p. 59.

Extraict de la réponse du Conseil du Roy à « la requeste présantée le XVIme jour de may (1) *mil cinq cens quatre-ving-neuf par les habitans catholicques du païs de Gévauldon et diocèse de Mende ».*

Par le troisième article d'icelle (2) à ce qu'il plaise à Sa Majesté ordonner que la somme de XXIIII mille escus dont ilz se sont obligés envers ceulx de Clermont, en Auvergne, par le commandement de sa dicte Majesté pour des vivres fourniz en l'armée conduicte par feu Mgr le duc de Joyeuse en l'année mil cinq cens quatre-vingt-six, pour remectre en son obéissance les villes de Maruejolz, Malzieu et Peyre, sera paiée des deniers de ses receptes du païs dudict Auvergne, en descharger les supplians, sinon que ladicte somme sera divisée et imposée sur les diocèses du hault et bas païs de Gévaulddan, — les supplians sont renvoyés aux présidents et trésoriers généraulx de France à Riom, de présent transférés à Clermont (3). Auxquelz sera représenté le cahier des debtes desdictz supplians, à qui les deniers sont deubz et où ilz ont esté employés, dont ilz prendront le plus d'esclaircissement qu'il sera possible, et après, en donner et envoyer leur

---

(1) Voir plus haut, p. 117.
(2) Voir plus haut, page 170.
(3) Clermont était en effet, la ville royaliste par opposition à Riom, centre politique et administratif des Ligueurs d'Auvergne. Voir, sur ce point, IMBERDIS, *Histoire des guerres de Religion en Auvergne*, tome II.

advis à Sa Majesté pour estre par elle pourveu ausdictz supplians ainsy qu'il apartiendra. Et cependant leur estre accordé suréance de quatre mois pour le payement desdictes debtes avec deffences à leurs créanciers de faire durant ledict temps aucune poursuitte, ny de les faire contraindre pour raison de ce.

Arresté par le Roy le xxix° jour dudict moys de may mil cinq cens quatre-vingt-neuf.

COMBAUD, ainsi signé.

EXTRAIT DE « COMPTE RENDU PAR M° BERNARD DANGLES, RECEVEUR PARTICULIER DU DIOCÈSE DE MENDE », EN 1588.

(Archives départementales de la Lozère, Série C. 1353).

(INÉDIT)

Compte que rend par devant vous, Messeigneurs les commis, scindic et depputés des gens des Trois Estatz du diocèse de Mende et païs de Gévauldan, M° Bernard Dangles, recepveur particulier dudict diocèse en l'année mil cinq cens quatre-vingt-huict, de la recepte et despence par luy faictes des deniers provenants de l'imposition de l'assiette extraordinaire faicte audict diocèse par les Estats (1) *dudict païs tenus en la ville de*

---

(1) Il s'agit non pas d'une réunion des Etats proprement dits, mais d'une session de la « commission intermédiaire de l'assemblée de l'assiette ».

Mende au mois de febvrier mil cinq cens quatre-vingt-huict.

....

RECEPTE :

XIX^{m}III^{c}IIII^{xx}IV escus VIII^{s}I$^{d.o.}$

« A quoy monte la susdite imposition et assiette extraordinaire faicte audict païs en l'année 1588.

En outre, le Malzieu, jadis occupé par les rebelles a été réduicte en l'obéissance du Roy et cottisée à la somme de : III^{c}IIII^{xx}XIII escus XIX^{s}IIII$^{d.o.}$

Somme totale de la recepte de ce compte :

XIX^{m}VII^{c}LXXVIII escus XXVII^{s}VI$^{d.o.}$ »

La dépense fut supérieure à la recette.

« Est deu au comptable : II^{m}IX^{c}XV escus XXXI^{s}VII$^{d.o.}$

A Mende, le XVe jour de novembre M.V^{c}IIII^{xx}VIII. »

EXTRAIT DES DOLÉANCES DES HABITANTS DE LA VILLE DE MENDE AU ROI HENRI III, AU SUJET DU BARON DE SAINT-VIDAL.

(Archives du département de la Lozère, Série C. 955.)

Les habitants de la ville de Mende se plaignent au Roi des mauvais traitements que leur fait subir M. de Saint-Vidal, surtout « aux officiers, consuls et aultres ayant charge publique, qu'il fait emprisonner en des chateaux particuliers..... » Ils ont « ce malheur de n'estre aymés ny chéris de luy, comme est l'intention de Sa Majesté... » Ils demandent donc qu'une enquête soit faicte en Gévaudan par un membre du Conseil d'Etat. « Par ce moyen, Sire, Votre Majesté cognoistra que la poursuicte de la nouvelle Séneschaucée, soubz prétexte du bien de votre service, n'a esté faicte par ledict sieur de Saint-Vidal que pour régner dans ledict païs, et n'y apporter que toute confusion, malheur et oppression à votre peuple, couverte de l'administration de la justice, n'y ayant qu'un seul officier de robe longue qu'est le juge-mage (1), dépendant du tout dudit sieur de St-Vidal, — ainsin que les impositions excessives faictes de leur auctorité privée et aultres actes le témoignent. . . . .

Plaise à Sa Majesté les exempter de la subjection et commandement dudit sieur de Saint-Vidal.

Ont signé : ADAM, évêque de Mende ; BRUGEYRON, vicaire général ; DUMAS, juge du Gévaudan ; ALBARIC, juge de Mende ; BRÈS, baille du Chapitre ; DEROQUOLES, conseil et député du païs ; CHEMINADES, CHANOLHET, scindic du païs ; MAURAS, baille du clergé ; GIBERAT. . . . BASTIT, procureur juridictionnel ; PAGÈS, greffier (2).

---

(1) Me Vidal Martin.

(2) Ce document n'est pas daté, mais il a du précéder immédiatement la révocation de M. de Saint-Vidal par Henri III. Voir la page suivante.

Extrait des lettres patentes du Roi qui révoque M. de Saint-Vidal (1).

15 juillet 1589.

(Extrait des Documents sur les guerres de Religion en Gévaudan, *publiés par M. F. André, t. III, p. 488).*

Nous...... révocquons, par ces présentes, tout pouvoir, auctorité et commandement que le sieur de Saint-Vidal avoit de nous en iceluy païs par nos lettres de commission, provision ou aultrement, en quelque manière que ce soit. Lesquelles (2) ne voullons doresnavant avoir lieu, ains demeurer nulles et de nul effect et valeur, luy faysant, par ces dites présentes, très expresses inhibitions et deffences de ne se plus immiscer en ladicte charge, et à tous nos dictz subjectz dudict païs, de quelque estat, qualité et condition qu'ilz soyent, de ne le plus recevoir, recognoistre, ny obéir en aulcune manière, sur peyne, tant à luy qu'à ceulx qui feront le contraire de nos présantz voulloir et intention, de confiscation de corps et debiens...

HENRY.

Et plus bas : J'ay retiré l'original des présentes.

Signé : ADAM, *évêque de Mende.*

---

(1) M. de St Vidal avait solennellement juré la Sainte-Union le 23 mars 1589, au Puy, entre les mains des députés du Parlement de Toulouse. Il fut alors le premier des signataires de la « forme de Serment pour y faire signer les gentilzhommes de ce païs de Velay en l'union des princes et villes catholiques ». Voir ce serment dans les *Documents sur les guerres de Religion en Gévaudan*, publiés par M. F. ANDRÉ, t. III, pp. 481 et suiv.

(2) Voir plus haut, pp. 3 et suiv. les lettres patentes du Roi Henri III créant la Sénéchaussée de Gévaudan.

Extraits des « articles accordez entre les Seigneurs soubznommés, pour le repos et solagement du diocèse de Mande et pays de Gévauldan, pour en estre faicte très humblement requeste, remonstrance a M^{er} le duc de Montmorancy, gouverneur et lieutenant général pour Sa Majesté au pays de Languedoc, affin qu'il soit son bon plaisir les agréer et authoriser, arrestés le premier septembre mil V^c quatre-vingtz-neuf ».

1er septembre 1589.

(Extrait des Doc. sur les guerres de Relig. en Gévaudan, par F. André, t. III, p. 490).

I

Premièrement, auxdictz seigneurs soubzsignés faysans la plus grande et sayne partie de l'estat et communaulté dudict Gévauldan, a esté, par l'apréhension des troubles et divisions dont ce pouvre royaulme est affligé, de panser à la tranquillité particulière dudict Gévauldan, et l'exempter, s'il est possible, des maulx et désordres que la différance des parties y pourroit apporter en ceste misérable sayson ; ils ont avisé de se joindre et unir par ensemble, comme ilz font par ces articles, et d'inviter et exhorter toutz les aultres habitans dudict pays, de quelque estat, ordre et qualité qu'ilz soient, d'en fère de mesmes, — prometans bonne amitié et correspondance les ungz aux aultres pour la deffance commune dudict pays et d'y exposer toutz leurs moyens, assavoyr les habitans catholicques pour la manutention de la saincte Eglize catholicque, apostolicque et romaine, et ceulx de la religion préthanduc réformée, soubz le bénéfice de l'édict de la trefve, laquelle sera observée d'une part et d'aultre soubz l'authorité de mondit seigneur.

Réponse de M. de Montmorency : « Nous avons très agréable l'union des bons et fidelles subjectz catholicques du Roy, et que, pour son service et bien de son estat, y ayt entre eulx bonne intelligence; en quoy nous nous y employerons aux occasions que se pourront présenter.

II

La cause principale de la ruine du pays a été les « volleries et ravaiges qui se sont faictz despuys long temps sur le pauvre laboureur et son bestail » par de véritables bandes de détrousseurs qui se sont retirés aux Cévennes. « Promectent lesdictz seigneurs s'opposer de toutz leurs moyens à telles courses et ravaiges, de quelque party qu'ilz procèdent, et généralement se bander contre toutz ceulx dudit païs et circumvoysins.

III

Liberté du commerce, etc. etc. (1).

---

(1) Pour les sept autres articles et les signatures, voir ANDRÉ, *Documents sur les guerres de Religion en Gévaudan*, t. III, pp. 493 à 499. Les réponses furent rédigées par Damville, à Pézénas, le 20 septembre 1589.

Adam de Heurtelou, évêque-comte du Gévaudan, assure Henri IV de sa fidélité et le presse de se convertir au catholicisme.

19 septembre 1589.

(Bibliothèque nationale, Fonds Dupuy, t. 61, p. 51).

(INÉDIT)

Sire,

Le doubte que j'ay que ma première n'aille seurement jusques à Vostre Majesté pour luy estre présentée, pour le danger des chemins, je n'ay voulu laisser passer ceste commodité luy faire la mesme très-humble requeste, avec sa bonne grâce et permission, d'avoir agréable la continuation de ma très-humble et fidelle dévotion à son service, comme j'avoys de droict divin et humain au feu Roy que Dieu absolve, et commenceray, avec votre bonne permission, comme le moindre prélat de l'Église de Dieu et serviteur très-humble de feue Sa Majesté, de la vostre et de sa maison en particulier (ainsy que Monseigneur le cardinal de Vendosme me fera, s'il luy plaist, tousjours cest honneur luy en rendre ce tesmoignaige), à représenter à Vostre Majesté qu'il n'y a chose, Sire, qui face régner les Roys et qui oblige plus leur peuple à leur rendre la très humble obéissance qui leur est deue que de prendre, à l'exemple de feu nostre bon Roy et tous les autres ses prédécesseurs et vostres, ceste bonne et saincte résolution, que j'entends que votre dicte Ma-

jesté a prise, de l'inspiration du Sainct Esprit, de vivre
et mourir en la mesme foy et religion très chrestienne,
catholique, apostolique et romaine, et d'en estre le
mesme protecteur, conservateur et défenseur (comme
ilz ont tous esté), à quoy mes ferventes prières et
de tout mon clergé tendent, pour obtenir à vostre
Royaume ceste grâce et faveur divine et de vous rendre et tous mes diocésains la mesme fidélité, obéissance et service très-humble que nous avons tousjours rendu à nos Roys très chrestiens, ayant conservé mon diocèse au millieu de ces malheureuses et
damnables séditions en ce sainct debvoir avec le bon
ayde de Monseigneur le duc de Montmorancy, lequel
faict bien paroistre, en ceste importante occasion qui
se présente, combien, Sire, il est affectionné au bien
de vostre dict service, quelque opposition qu'aucuns
de noz voisins des provinces limitrophes de ceste cy
ont essayé de m'y donner, lesquelz enfin je ne faiz
doubte que si votre dicte Majesté effectue ladicte
bonne et saincte résolution qu'elle a prinse de se faire
bon catholique et très chrestien deffenseur et protecteur de l'Eglize, chacun n'en loue Dieu et ne vous
rende peu à peu l'entière obéissance qui est deue à
Votre Majesté. En quoy, Sire, de si peu de moyen
que j'y puys apporter par deçà, Elle prendra, s'il luy
plaist, ceste mesme asseurance que le feu Roy me faisoit cest honneur d'en avoir ; et comme très affectionné
au service particulier de Vostre Majesté, autant que
pauvre prélat et serviteur de sa maison qu'elle puisse
avoir en son Royaume, attandant ses bons et sainctz
commandemens, m'en vais prier Dieu qu'il doinct

à Vostre Majesté, Sire, sa très saincte garde et conservation en toute prospérité et très longue vie.

A Mende, ce xix septembre 1589.

Vostre très humble orateur et subject.

ADAM, *évêque de Mende* (1).

NOTE SUR LE GÉVAUDAN AUX ETATS-GÉNÉRAUX DE LANGUEDOC (2).

27 septembre 1589.

Le Gévaudan royaliste se fit représenter aux Etats du Languedoc, qui, réunis à Béziers, le 27 septembre, jurèrent fidélité à Henri IV. Ses députés furent Jean Brugeyron, vicaire général de l'évêque Adam de Heurtelou, et les consuls de Mende. Mais aucun d'eux n'assista aux Etats Ligueurs convoqués par Joyeuse à Lavaur, le 15 novembre, où fut prêté le serment de ne « jamais obéir à aucun roi de France qui ne fut catholique, oint et sacré ».

---

(1) Signature autographe.
(2) Dom VAISSETTE, *Histoire du Languedoc*, édit. Privat, t. XI, pp. 789 à 792.

Extrait du Procès-verbal de l'assemblée des États du pays de Gévaudan tenue « en la ville de Chanac, dans la salle haulte des hoirs du feu cappitaine Grimauld, lieu choisy et emprunté pour tenir les États (1) », le 11 novembre 1589.

(F. André, *Procès-verbaux des États du pays de Gévaudan*, t. I, pp. 230 et suiv.)

.... A la réquisition du scindic dudict païs a esté faicte lecture intelligible à ladicte assemblée des des articles (2) accordez entre Mgr l'évesque de Mende, comte de Gévaudan, M. le baron d'Apchier, MM. les commis, scindic et députez dudict païs et aultres notables personnages, et ce, touchant le repos, unyon et bonne correspondance d'entre tous les habitans d'icelluy, mesmes affin de s'opposer à ceulx qui vouldroient interrompre la tranquillité quy commence de s'establir par le moïen de la trefve. Et ayant esté lesdictz articles, ensemble les apostilles contenant l'autorisation faicte d'iceulx par mondict seigneur de Montmorancy le XXe jour de septembre dernier, bien entenduz par lesdictz Estatz, ils les ont unanimement agréez et promys d'observer le contenu en iceulx, et ont, à cest effect, prié mondict sieur d'Apchier tenir la main à l'exécution d'une si saincte résolution pour le bien, repos et seureté de cedict païs...

---

(1) Cette année-là, les États devaient se tenir à Marvejols. Mais la ville ne s'était pas encore complétement relevée de ses ruines.

(2) Voir plus haut ces articles, p. 177.

Noble Jehan de Gabriac, sieur dudict lieu ; Anthoine Rodier, envoié de M. de Barre ; Guillaume Du Cros, sieur du Cros, viguier de Portes, pour le vicomte dudict de Portes ; David Michel, sieur de Colas, consul de Florac ; Léonard Coste, pour le procureur de St-Etienne de-Valfrancesque ; Jehan Durand, procureur de la viguerie de Portes ; Anthoine Rouveret, pour le procureur de Barre, aiantz comparu en l'assamblée desdictz Estatz dudict païs de Gévaudan et diocèse de Mende (1), ont déclaré, parlans par la bouche dudict sieur Du Cros, qu'ilz sont très-aises de l'accord et union qui se veoid en ladicte assamblée pour le party du Roy, nostre Sire, et soubz l'obéissance de Mgr le duc de Montmorancy, gouverneur et lieutenant général pour Sa Majesté au païs de Languedoc, et qu'ilz entendent assister en ladicte assamblée desdictz Estatz pour rapporter de leur part tout ce qui pourra servir à l'entretènement de ladicte société et union, et pour l'assiette et despartement des deniers royaulx, et deppendans des Estatz génératix de Languedoc. . . . .

Sur la réquisition que par Guillaume Du Cros, sieur du Cros, viguier de Portes, envoié ausdictz Eztatz pour le dict sieur (2) dudict Portes, a esté faicte

---

(1) Ce sont tous les représentants des Cévennes ; il ne manque que celui de la baronnie de Florac, le sieur de la Croix, de religion catholique, qui figure dans la liste des députés présents dès le 1er jour.

(2) Le marquis de Portes. Parmi les députés élus par les Etats pour « assister à l'assiette et despartement des deniers », figure ledict sieur Du Cros. (F. ANDRÉ, ibid. p. 259).

auxdictz Estatz pour tous les assistans en iceulx du quartier des Cevennes, affin qu'ilz soient appelés en toutes les impositions qui se feront sur le corps de ce païs de Gévaudan et diocèse de Mende, a esté conclud et arresté que les consulz, procureurs et aultres des villes et lieux desdictes Cevennes, qui ont séance aux Estatz, seront appellez aux impositions qui se feront doresnavant par le païs sur tout le corps d'icelluy pour y assister, si bon leur semble.

M. Jehan Fabry, envoié des consulz de Marieujolz, a requis aussi que le premier consul dudict Marieujolz, comme estant l'ung des commis du païs, assiste aux assemblées et délibérations que feront, durant l'année, lesdictz sieurs commis, scindic et députez pour les affaires dudict païs ; ce que ladicte assemblée a accordé, à la charge que ledict premier consul sera tenu de s'y trouver en personne, si ce n'est en cas de légitime empeschement. . . . .

Extrait des « Remontrances que l'Assemblée des Etats du Gévaudan adressa au duc de Montmorency, gouverneur et lieutenant général pour le Roy Henri IV en Languedoc ».

Novembre 1589.

(Archives du département de la Lozère, Série C. 1794).

Monseigneur,

Les gens des Trois Estatz du diocèse de Mende et païs de Gévaudan, assemblez soubz vostre authorité en la ville de Chanac, vous remonstrent très humblement qu'ilz ont tous unaniment promis et juré, en ladicte assamblée, de vous continuer leur fidélité et obéissance accoustumées, se mectant tous soubz vostre protection et commandement, et supplient Vostre Grandeur vouloir conserver ledict païs au repos, unyon et tranquillité qui commencent de s'y bien establir, et les personnes, des malheurs et désordres que l'injure du temps y pourroit apporter.

Mesmes, attandu ladicte résolution, par laquelle tous les habitans dudict païs s'unissent soubz vos commandemens, requièrent lesdictz Estatz qu'il soit le bon plaisir de Vostre Grandeur, ordonner, à peine de la vie, à tous les cappitaines, soldatz et autres gens de guerre de vostre gouvernement, de ne fère plus aucunes courses, ravaiges, entreprises et actes d'hostilité sur pas ung lieu ny habitant dudict Gévauldan, de quelque estat et condition qu'il soit, et que la trefve y sera généralement observée..........

Les représailles que les particuliers intéressez se licentient de prendre de leur auctorité privée sont cause de plusieurs désordres audict Gévauldan, et que le plus souvent ceulx qui n'ont pas failly en portent la peine avec l'interruption du commerce et aultres dommaiges au public et une licence desbordée, qui est cause que lesdictz Estatz supplient Vostre Grandeur, suyvant les ordonnances du Roy et voz réglemens, interdire toute sorte de représailles pour quelque occasion que ce soit, aultre que de vostre auctorité, et advenant contravention, qu'elles seront réparées par la justice..........

Suivant l'édict de la trefve faicte par feu Sa Majesté

entre ses subjectz catholicques et ceulx de la religion prétendue réformée, les choses doibvent demeurer en l'estat qu'elles estoient auparavant icelle. . . . .

Etats Ligueurs du pays de Gévaudan tenus a Saint-Chély-d'Apcher.

11 novembre 1590.

(Archives départementales de la Lozère, Série E, Fonds Apcher).

L'an mil cinq cens quatre vingtz dix, et le unziesme jour du moys de novembre, en la ville de Sainct-Chelly (1), lieu destiné pour tenir les assemblées particullières des catholicques unys, après ce que MM. les depputés, commis, scindic, noblesse et consullatz dudict party y sont présentz, sçavoir :

Le sieur de Bénistant, pour M. de Mercœur (2), baron de Salgues (3) et du Malzieu (4).

---

(1) Aujourd'hui chef-lieu de canton de l'arrondissement de Marvejols, St-Chély faisait jadis partie de la baronnie d'Apcher.

(2) Philibert-Emmanuel de Lorraine, nommé gouverneur de Bretagne par Henri III, qui avait épousé sa sœur, s'était déclaré le chef des Ligueurs de Bretagne après l'assassinat des Guises.

(3) Localité du Gévaudan, aujourd'hui chef-lieu de canton du département de la Haute-Loire.

(4) Aujourd'hui chef-lieu de canton de de l'arrondissement de Marvejols. A 1 kilomètre environ du Malzieu on remarque les ruines du château de Verdezun, résidence du bailli, représentant du baron de Mercœur en Gévaudan.

Le sieur du Boysdumont, procureur dellegué de M. le baron de Ceneret (1).

Me Antoine Martin, délégué de M. le marquis de Canillac (2).

Me Etienne Rampan, docteur ès droicts, chanoyne de Mende, reffugié en la présente ville, pour l'état ecclésiastique.

Estienne Verny, sieur de la Védrine, et Johan Pouget, consuls de la ville de Sainct-Chelly.

Sire Guillaume Aoust et Pierre Vigier, consulz de la ville du Malzieu.

Me Jehan Falguière, consul de la ville de Saulgues, adcisté de Me Jacques Langlade, filz, envoyé de Me Jacques Langlade, son père, premier consul de ladicte ville de Salgues.

Sire Estienne Moro, consul de la ville de Serveyrette (3).

En présence desquelz, mondict seigneur d'Apchier a représenté que jusques à présent il a faict tout ce quy a esté en son pouvoyr pour empescher que les ennemys n'ayent envahy et subjoigné ce qui reste du

---

(1) Cénaret (commune de Barjac, canton de Chanac, arrondissement de Marvejols) était l'une des huit baronnies du tour de Gévaudan. Le seigneur de Cénaret était alors Claude-Gabriel-Amédée de Rochefort d'Ailly. Sa femme, Claire de la Tour Saint-Vidal, fille unique du gouverneur de Gévaudan récemment révoqué par Henri IV, lui avait apporté en dot cette baronnie, en 1582.

(2) Le marquis de Canillac était, à cette époque, gouverneur ligueur de Riom.

(3) Chef-lieu de canton de l'arrondissement de Marvejols.

présent pays de Gévaudan des catholiques unys, recognoissant le party de M. le mareschal de Joyeuse, gouverneur et lieutenant général au païs de Languedoc, comme chascung sçayt ; ayant, avec l'advis de la noblesse et villes, faict plusieurs traictés particulliers qui n'ont heu aulcung droict ny seurté, ayant les ennemys plus proffité avec iceulx que s'il y eust heu guerre ouverte, la prinse de beaucoup de places, et encores font dessaing ouvertement, avec les forces de M. le duc de Montmorency, de prendre ce qui reste dans ledict païs, ce quy seroyt la ruyne entière dudict païs et des provinces voysines, pour le pillage continuel que les hérétiques et huguenotz des Cevènes ont accoustumé de fère. Au moyen de quoy, ayant receu commandement de M. le duc de Nemours de faire guerre ouverte dans ledict païs d'Auvergne, et par mesme de mondict sieur le mareschal de Joyeuse, dans ce païs, pour la deffence des villes et places dudict party, estant croyable qu'estant armés en guerre offensive et deffensive, que c'est le seul moyen d'empescher l'ennemy, espérant avec les forces que le païs d'Auvergne a résolu meetre sur piedz soubz nostre commandement, celles que le païs delliberera meetre sur pied pour la garde et conservation des villes et places de celluy-ci avec les forces qu'il prétend tirer d'Auvergne, Rouergue et Vellay, suivant les alliances qu'il a particulièrement tractées avec les gouverneurs particulliers desdictz païs, d'empescher les dessaings desdictz ennemys et le passage continuel que les gens de guerre font à la foulle du pouvre peuple, allant et revenant du païs de Languedoc en France, et attandant d'estre préparés avoyr gens sur piedz et moyens pour la levée, solde et paiement d'iceulx, estant sollicité d'accorder quelque renouvellement de suspension d'armes, par l'évesque de Mande, ennemy des catholicques, estant sollicité à ce fayre, pour voyr tousjours les villes désarmées et les prendre.

Surquoy, ladicte assamblée après avoyr remercyé ledict sieur d'Apcher, gouverneur, du soing, bonne affection et volonté qu'il leur a de tout temps pourtés et à leur commune conservation, ont tous, d'une mesme voix et résolution conclud qu'il est très nécessaire, sy on se veult conserver, d'entrer en guerre ouverte, offensive et deffensive, car aultrement estans attaqués désarmés, il ne fault pas doubter qu'il ne soient subjuguès. Et sur ce, a esté resollu qu'il sera faict levée de deux cens arquebuziers pour estre mis en garnison ès lieux et places importants, et que la compaignie dudict seigneur gouverneur sera mise sur piedz, laissant à sa divine providance toutes choses, et à la charge que, à la prochaine tenue des Estatz, sera porveu à l'imposition nécessaire pour le paiement et remboursement des sommes nécessaires.

Liste des paroisses du Gévaudan occupées par les Ligueurs.

6 décembre 1590.

(Archives départementales de la Lozère, Série C. 1358).

Saugues, Thoras-Vazeilles, Verdun, St-Prejeet, Monistrol, Chaylar-Danse, St-Vénérand, Vereyrolles, Villaret, Chanaleilles, Cubelles, Clauzes-Grezes, St-

Privat-des-Fauz, La Besseyre et Outète-Sobeyrol, Meyronne, Ventugheul, Crozances, Chambon-Saint-Symphorien, Auroux, Fontans, Grandrieu, Sainte-Colombe et Montauroux, Rocles, St-Bonnet-Montauroux, St-Christophle, Le Malzieu, St-Laiger-du-Malzieu, Verdezun, Chaulhac, Prunières, Saint-Jean-la-Fouillhouze, St-Pierre-le-Vieux, Blavignac, le Bacon, Albaret-Ste-Marie, Arcomie et Julianges, St-Chely-d'Apcher (1).

LETTRE DE MONSEIGNEUR L'ÉVÊQUE DE MENDE, ADAM DE HEURTELOU, AU ROI DE FRANCE HENRI IV, SOLLICITANT UNE EXEMPTION DE TAILLES EN FAVEUR DES HABITANTS DE MARVEJOLS, APRÈS LA DÉMOLITION DE LA CITADELLE ET DES MURS DE CETTE VILLE.

9 août 1591.

(Archives départementales de la Lozère. Série G.

Sire,

Sy entre les subjects de vostre Majesté il y a lieu d'estendre vostre grâce et pié té, ceulx de vostre ville de Marvéjols sont bien des plus recommandables pour leur paouvreté et nécessité que la guerre immiséricordieuse, jusques à n'avoir pardonné aux pierres de leur habitation et murailles de leur ville,

---

(1) Ces localités sont toutes situées dans le Gévaudan septentrional

leur a causée avec une grande diminution d'entre eux et pour leur long exil ; et ainsi qu'ilz commençoient à se recognoistre en leurs ruynes, ils ont esté molestés des tailles sans aulcune commisération pour deppendre de vostre auctorité, à laquelle les Estats généraulx de Languedoc et particuliers de mon diocèse les ont renvoiés (1) ; mais pour ce que leurs depputés, qui avoient charge joindre ce fait particulier au général du païs, sont encore à partir pour le danger des chemins, j'ay estimé pour la charge spirituelle (2) qu'il a pleu à Dieu me commettre de leur salut et conservation et le très humble et fidelle service que je doibs à vostre Majesté, que je ne pourrois moings faire que de les assister cependant en la très humble requeste qu'ils envoient faire à Vostre Majesté par un de leurs concitoyens de la mienne très humble que je ne craindray luy en faire de chose sy équitable à ce que son bon plaisir soit tel voulloir impartir vostre dicte charité et piété accoustumée en l'endroict de vos dictz paouvres subjectz pour les exempter pour tel temps qu'il luy plaira de vos tailles ; vous leur donnerez, en ce faysant, Sire, aultant de moiens de pouvoir rebastir leurs petits domicilles et vivoter de si peu de leur bien qu'ils commencent à deffricher en la crainte et obéissance de Dieu et de son Esglise et celle quy est deue à Vostre Majesté, et en la paix que Dieu m'a faict la grâce continuer d'establir en mon

(1) Marvejols était, en effet, ville royale.

(2) Adam de Heurtelou intervient donc comme évêque et non comme comte du Gévaudan.

paouvre diocèse depuis ce nouveau trouble que le changement de party, qu'a faict Monsieur d'Apcher l'un des principaux sieurs d'iceluy, y a cuidé produire, ayant néanmoings remis comme auparavant tout l'estat de mon diocèse en la continuation de la mesme fidélité et obéissance qu'ils ont tousiours rendue à leurs roys, de laquelle ledict sieur d'Apchier (1) ne s'en est pas trop éloigné non plus qu'est en quelque volonté de faire vostre ville de St-Flour quy l'avoit esleu son gouverneur, laquelle m'a rendu médiateur de la réconciliation de leur guerre avec Monsieur de Dienne (2) en l'endroict de Monseigneur le comte (3) qui y représente vostre auctorité, qui m'a faict ceste honneur m'en remettre la composition (4); et pleust à Dieu, Sire, que ceulx de vostre ville du Puy vouloissent prendre ceste mesme mienne remonstrance en aussy

---

(1) Apcher « avait d'abord paru vouloir s'attacher à Henri IV; mais il se déclara bientôt pour la Ligue, reçut une commission du 19 juin 1591 de Guillaume de Joyeuse, maréchal de France, pour commander le parti de l'Union en Gévaudan ». (Le P. Anselme, t. III, pp. 813 à 822).

(2) François de Dienne, chevalier de l'ordre du Roi, bailli de la Haute-Auvergne, « y exerçait l'autorité au nom du Roi. » Or St-Flour était le centre de l'Union dans la Haute-Auvergne. Dienne mourut la même année 1591. Sa veuve, Gabrielle de Foix, épousa le comte d'Apcher.

(3) Charles d'Angoulême, fils naturel de Charles IX, commandait les armées du Roi en Auvergne. Ce titre lui avait été conféré en 1589, par Catherine de Médicis.

(4) Adam de Heurtelou joue donc ici le rôle de médiateur: preuve évidente de la haute confiance qu'il inspirait non seulement à ses diocésains, mais aux habitants des pays limitrophes.

bonne part pour se libérer de la cruelle guerre (1) qu'ils supportent pour leur oppiniastreté trop grande qu'ils font de la mesme recognoissance quy vous est deue, s'excusant comme la plupart de vos subjects qui s'en sont distraits font pour vostre conversion, pour laquelle, Sire, je continue tous les jours faire prier à Dieu en mon esglise et partout mon diocèse qu'il luy plaise vous voulloir bien inspirer par son St Esprit à y entendre pour parvenir à la paix generale de vostre pauvre royaume tant désirée, à son honneur et gloire et maintien de sa saincte Esglize catholicque et à vostre contentement et au soulagement d'icelluy, et qu'il luy plaise encore conserver, Sire, Vostre Majesté par sa très saincte garde en très bonne santé et longue vye. A Mende, ce 9 d'aoust 1591.

Nomination de Montmorency - Fosseuse (2) gouverneur de Gévaudan.

3 septembre 1591.

(Archives départementales de la Lozère, Série C, 1778).

Henry, duc de Montmorency, pair et mareschal de France, gouverneur et lieutenant général pour le Roy au païs et gouvernement de Languedoc, au sieur de Fosseux, nostre cousin, salut.

---

(1) Consulter DE VINOLS, *Histoire des guerres de Religion en Velay*. Le Puy.
(2) François de Montmorency, sieur de Fosseuse, chevalier de l'ordre du Roi, capitaine de 50 hommes d'armes.

Estant très nécessaire pour l'importance de la ville et du diocèse de Mende et païs de Gévaudan de pourvoir à l'intendance et commandement d'icelluy, de quelque personnaige califié et qui aye la vaillance, expériance, fidélité au service de Sa Majesté et suffisance en tel cas requize, ce qu'ayant cognu et remarqué en vous, pour ces causes, en suivant la réquisition de nomination de vostre personne, qui nous auroit esté faicte par Monsieur l'évesque de Mende, comte de Gévauldan et les commis, scindic et députés d'icelluy païs, et attandu l'approche de l'armée des ennemys, conduitte par M⁵ᵉ de Nemours, ses exploictz et progrès dans le Vellay, limitrophe dudict Gévauldan, l'apréhension et le danger en quoy sont tous les habitans et bons subjectz, serviteurs de Sa Majesté dudict pays, nous vous avons donné la charge et commandement sur les armes et les gens de guerre qui sont et seront par cy après, tant en gârnison qu'en la campaigne esdictes ville et diocèse de Mende et païs de Gévaudan, pour iceulx emploier et exploicter aux occasions qui s'offriront, les faire vivre en discipline, observer les reiglemens militaires, vous opposer à l'entrée et aux effortz que vouldront fère lesdictz ennemys, et aultrement fère, disposer et ordonner esdicte ville et diocèse de Mende et païs de Gévaudan, en tout ce qui regardera et concernera la garde, conservation, deffence et seureté d'icelluy, et sur le faict des armes, comme vous cognoistrez le service de Sa Majesté et le bien desdictes ville, diocèse et païs de Gévaudan et des habitans le requérir, de ce faire vous avons donné et donnons plain pouvoir, aucthorité, commission et mandement espécial par ces présentes, par lesquelles nous mandons et ordonnons à tous, gentilhommes, gouverneurs particuliers des villes et lieux, cappitaines, chefz et conducteurs desdictz gens de guerre, tant de cheval que de pied, magistratz, consulz et habitans desdictes villes et diocèse et païs de Gévauldan, et tous aultres qu'il apartiendra, vous recognoistre, assister, obéir, entendre, ez chozes touchans et concernans ladicte charge et commission, à peyne de désobéissance ; et aux commis, seind e et députez dudict diocèse de Mende et païs de Gévaudan, vous paier ou fere paier et deslivrer, par chascun moys, vostre estat comme gouverneur dudict diocèse, ainsi qu'il est accoustumé.

Donné à Tarascon, le troisième jour du moys de septembre mil cinq cens quatre-vingt-onze

Et au dessoulz : *Signé :* MONTMORENCY

Par Monseigneur, *Signé :* VALERNOD.

En présence de l'attachement des Gévaudanais royalistes a la cause d'Henri IV, le duc de Nemours (1), gouverneur ligueur d'Auvergne, renonce a ses projets sur le Gévaudan.

Fin août et septembre 1591.

(F. André, Documents sur les guerres de Religion en Gévaudan, t. III, p. 543).

« ..... Le 4 septembre arrivèrent à Mende les sieurs de Séras, de la Croix, le capitaine Barrau et autres, formant un effectif de 49 hommes à cheval » (2) qui s'étaient hâtés de répondre a l'appel que la ville de Mende leur avait adressé.

« Le duc de Nemours renonça au projet d'assiéger Mende (3). Le 15 septembre 1591, il quittait le Puy pour se rendre à Riom. »

---

(1) Le duc de Nemours, gouverneur d'Auvergne, s'était avancé en Velay à la tête d'une armée de 10,000 hommes ; après être entré au Puy, le 26 août 1591, il se préparait à marcher sur le Gévaudan pour y assurer le triomphe de la Ligue.

(2) Or le capitaine Barrau, le sieur de Séras étaient des Réformés. Le sieur de la Croix, commandant de la garnison de Florac, arriva lui aussi à Mende, le 4 septembre.

(3) Sur les projets d'expédition de Nemours en Gévaudan, consulter F. André, *Documents sur les guerres de Religion en Gévaudan*, t. III, pp. 540 à 549. Ce fut pour protéger le Gévaudan contre les attaques de Nemours que Damville nomma son cousin, Montmorency-Fosseuse, gouverneur de Gévaudan, le 3 septembre 1591. Voir dans F. André, *Documents sur les guerres de Religion en Gévaudan*, t. III, pp. 546 à 548, les réponses très dignes de l'évêque et des commis et députés du Gévaudan aux avances du duc de Nemours.

Note sur le comte d'Apcher, gouverneur ligueur de Gévaudan.

(Extrait du P. Anselme, t. III, pp. 813 à 822).

« Philibert, comte d'Apchier, fils aîné de Jean d'Apchier, né le 18 juin 1562, seigneur de Thoras, la Garde, etc. et vicomte de Vazeilles, chevalier de l'ordre du Roi, capitaine de 50 hommes d'armes, lieutenant au gouvernement de Saint-Flour, et de la Haute Auvergne, parut, au commencement du règne de Henri IV, vouloir s'attacher à son service; mais dans la suite il se déclara pour la Ligue, reçut une commission du 19 juin 1591 de Guillaume de Joyeuse, maréchal de France, pour commander le parti de l'Union en Gévaudan. Le duc de Nemours l'établit lieutenant au gouvernement de St-Flour et de la Haute Auvergne le 18 août 1591 et le duc de Mayenne le fit sénéchal de Mende le 16 novembre 1593. Il avait mené l'année précédente un secours au duc de Joyeuse qui assiégeait Villemur, qui perdit un combat devant cette place et fut noyé dans le Tarn le 20 octobre 1592. Philibert d'Apchier fit sa paix avec le roi Henri IV et en obtint des lettres de grâce avec ordre aux cours d'Auvergne de les entériner le 16 juillet 1594. Il demanda le gouvernement de la Haute Auvergne et n'obtint qu'une gratification de 12,000 écus. Ce prince lui écrivit, le 14 novembre et le 8 février suivant, de se rendre avec sa compagnie de gendarmes en l'armée, où il voulait se trouver en personne dans le Lyonnais; enfin entendant la messe dans la grande église de

Mende le 19 janvier 1605, il y reçut plusieurs coups d'épée de la main d'Annet de Polignac, seigneur de Villefort, avec lequel il avait eu quelques disputes sur les honneurs : fit son testament le même jour en faveur de ses frères et mourut le lendemain sans enfants.

Il épousa Gabrielle de Foix, dame de Mardogne. Lastic, etc. mariée le 28 juin 1592, veuve de François de Dienne, chevalier de l'ordre du Roi, bailli de la Haute-Auvergne ».

Apcher, après la mort de St-Vidal (tué en duel par le cadet de Sénenjouls, sénéchal du Velay, le 25 janvier 1591) fut chargé d'exercer « à titre de régent » l'office de Sénéchal de Mende et Gévaudan, par le Parlement de Toulouse le 25 juin 1591 et officiellement nommé Sénéchal par Mayenne le 16 novembre 1593. (F. ANDRÉ, *Documents sur les guerres de Religion en Gévaudan*, t. III, p. 533).

LE DUC DE JOYEUSE APPROUVE LES ACTES DU SEIGNEUR D'APCHER, CHEF DES LIGUEURS DE GÉVAUDAN.

30 novembre 1591.

(*Arch. départ. de la Lozère, Série E. Fonds Apcher*).

Monsieur d'Apcher, despuis les dernières despesches qu'il fist à M⁛ de Joyeuse sur l'establissement de quelque bon ordre au païs de Gévaudan et les responses et commissions qu'il en a obtenues, avec beaucoup de considération et pour l'advancement du party des bons catholiques, auroit accordé, avec les depputez de la ville de Mende, suspension d'armes audict païs, jusques au premier jour de l'an prochain. Les causes et raisons de la dicte conférance ont esté escriptes à mondict seigneur de Joyeuze par lettres expresses à ces fins.

Des aussitost que ladicte suspention fust faicte, ledict sieur d'Apchier alla trouver M. de Nemours en son expédition qu'il fist en Vellay et Auvergne, auquel il adcista jusques au despart que ledict seigneur duc fist desdictz pays. Pendant son absence dudict pays de Gévaudan, il receust nouvelles de ses amys du remuement que le sieur évesque de Mende faisoit, au commancement soubz main, et puis tout appertement, premièrement en introduisant dans la ville de Mende pour gouverneur, et soubz ce tiltre, le sieur de Fosseuze, contre l'expresse teneur des articles accordez, par lesquelz il est discrtement porté qu'il ne debvoyt recepvoir aulcung gouverneur, par quel tiltre que ce fust, ny soubz quelle coulleur qu'on sceust inventer, — secondement, en ce que ledict sieur évesque faisoict vacquer très dilligemment à la fonte de deux canons et que le bruict estoyt déjà courant partout qu'on investiroit les villes du party des catholiques et que ledict sieur de Mende feroyt recognoistre le roi de Navarre par tout le païs de Gévaudan.

De toutz lesquelz bruictz sourdz, s'estant ledict sieur d'Apchier esvelhé comme d'ung songe, après avoyr envoyé en plusieurs et diverses partz prandre advis de ses amys, et ayant trouvé la choze aller comme on luy avoyt rapporté, prinst résolution employer le secours de ses amis et prévoir le mal qui le tatouoyt, et pour l'exécuter sortist les canons, le second de novembre, qu'il mena dans la ville et fort de Chanac (1), appartenant audict sieur évesque, qu'il prinst dedans troys jours. Apprès, passant iceulx à une demy lieue de Mende, attaqua plusieurs aultres fortz de l'entour de ladicte ville de Mende (2), qu'il prinst tous, pour s'en servir contre ladicte ville de Mende, au cas volust continuer son mauvays voulloyr et ne vouldroyt venir en resypicence que aussy pour boucler et empécher les courses et ravaiges des larrons et pilhiardz des Sevènes quy ont leur passaige ordinaire pour briguander le pays au-devant desditz fortz, qu'il auroyt chargé et tué grand nombre venant de France où a esté tué le sieur de Vignolles.

Réponse du duc de Joyeuse :

Puisque l'évesque de Mende et aultres tenans le party des héréticques et ennemys ont les premiers contrevenu aulx articles d'accord (3) faict par ledict sieur d'Apchier avec eulx, nous approuvons et trouvons bons les exploits de guerre et prinses des lieux faictz par ledict sieur d'Apchier, sur lesdictz ennemys.

---

(1) F. ANDRÉ, *Documents sur les guerres de Religion en Gévoudan*, t. III, pp. 560, 568.

(2) Les tours de Rochebelot, de Châteauneuf, du Cellier et de Mirandol.

(3) F. ANDRÉ, *Documents sur les guerres de Religion en Gévoudan*, t. III, p. 516 à 522.

II

Ayant exécuté cella, ledict sieur d'Apchier a mandé les Estatz dudict pays en sa ville de Sainct Chély, au premier décembre, pour establir ung ordre légitime en iceluy, provoyr à l'exercice de la justice, levée de deniers et aultres chozes de la police, soubz le bon plaisir et authorité de mondict seigneur de Joyeuze, et de ce que se y passera, ledict sieur d'Apchier en advertira mondict seigneur pour le prier de l'authoriser et y interpozer son décret.

Réponse :

Nous avons permis aulx scindicqz, consulz et depputés des lieux et villes catholliques du païs de Gévaudan s'assembler en ladicte ville de St-Chelly, au premier jour de décembre, suyvant le mandement quy leur en a esté faict par ledict sieur d'Apchier, pour traicter et résouldre les afferes mentionnés audict article ; laquelle assemblée et aultres choses que par lesdictz depputez seront résollues et conclues pour le bien du service du Roy, et conservation de la foy et relligion catholique, nous agréons et authorisons, dès à présent, comme pour lhors.

III

Ledict sieur d'Apchier supplie humblement mondict seigneur de Joyeuze avoyr agréables lesdictes expéditions faictes pour les causes et raysons ci-dessus escriptes, et ce que par ledict sieur d'Apchier sera cy apprès faict, deslibéré et ordonné, en conséquence de ce quy deppendra de sa charge et administration, à laquelle il entend se comporter aussy fidellement que mondict seigneur seauroyt désirer.

Réponse :

Nous estimons que cy devant ledict sieur d'Apchier n'a rien faict ou négotié que pour le bien du service du Roy et pour l'advantaige des catholliques unys et, sur ceste coonsidération, agréons les exploictz de guerre par luy faictz, comme aussy ce qu'il fera pour l'advenir à la mesme intention.

IV

Que si aultres forces ne l'entremeslent pour ledict sieur évesque que celles qu'il pourroyt avoyr dudict païs, ledict sieur d'Apchier se sent assés suffisant pour luy fère teste ; mais au cas que ledict sieur évesque vouldroyt avoyr forces estrangières et en attirer du Languedoc (1), comme il y a grand apparence de verisimilitude, comme il se jacte ordinairement, en ce cas, ledict sieur d'Apchier suplie humblement mondict seigneur de Joyeuse, luy fère part de telles trouppes qu'il cognoistra luy estre nécessaires et des moyens pour l'entretenement.

Réponse :

Nous assisterons ledict sieur d'Apchier pour le service du Roy, et conservation des catholicques unis

---

(1) F. ANDRÉ, *Documents sur les guerres de Religion en Gévaudan*, t. III, p. 590.

audict païs de Gévaudan, lorsqu'il sera besoing et
que la nécessité le requera, des forces et des moïens
que nous aurons et de tout ce que nous pourrons.

V

Et au cas que mondict seigneur de Joyeuse vinst
avec le party contrère en aulcung porparler de paix,
trefves ou suspension d'armes, qu'il luy plaize y fère
entrer ledict sieur d'Apchier, ses amys et alliés,
que luy ont adcisté en ses expéditions, et que les
places par luy prinses, demeureront en l'estat qu'elles
sont de présant avec la moytié, pour le moingz, des
deniers quy ont esté accoustumé estre levez audict
païs pour la conservation desdictes places et payement de la gendarmerye, veu que le party catholicque
tient plus beaucoup de la moytié dudict pays, et qu'il
n'y a que la seulle ville de Mende, abutée au party
contrère, adcistée des villes de Florac, Langogne et
Sainct Enimye (1).

Signé : D'APCHIER.

Réponse :

En cas que nous ferons à l'advenir aulcungs traités
avec les ennemys, nous n'oblierons pas d'y comprendre ledict sieur d'Apchier, les villes et lieux catholicques audict païs de Gévauldan et avec ses amis et

---

(1) Les Royalistes reprirent définitivement l'avantage dès le
mois de janvier 1592. (F. ANDRÉ, *Documents sur les guerres de
Religion en Gévaudan*, t. III, pp. 591 et suiv.)

associés qui l'ont assisté, avec articles exprès les plus advantageux pour eulx, que fère se pourra.

Les susdictz articles ont esté par nous respondus, ainsin qu'est contenu aulx appostilles,

à Limoux, le dernier jour de novembre 1591.

Signé : DE JOIEUSE.

Par mondict seigneur :

ALDEBERT.

ADAM DE HEURTELOU, DANS UNE LETTRE AUX ÉTATS DU GÉVAUDAN, TÉMOIGNE DE SA JOIE AU SUJET DE LA CONVERSION D'HENRI IV.

22 novembre 1593.

(Archives départementales de la Lozère, Série C. 1803).

Messieurs,

...... Je n'auray plus qu'à vous exorter de rendre grâces à Dieu de ce qu'il luy a pleu inspirer, par son saint Esprit, le Roy à se convertir en nostre saincte foy et église catholicque, apostolicque et romayne, pour le plus grand don divin qu'il pouvoit envoyer à toute la chrestienté et à ce pauvre royaume. Que si nous nous sommes montrés (1), comme nous avons faict, ses bons et fidelles subjectz en ceste espérance, main-

---

(1) Voir plus haut, page 179, une lettre d'Adam de Heurtelou dans laquelle il supplie le Roi de se convertir au catholicisme.

tenant qu'elle est accomplie, nous debvons d'autant plus affectionnement luy rendre nostre fidélité et obeyssance, et conséquemment à M⁓ le connestable, représentant l'authorité de Sa Majesté en ce pays, qui s'est toujours de sa grâce montré amateur du bien, repos et soulagement de cette province, sur toutes les autres du Languedoc, et de mesmes à M. de Fosseuse, y commandant en son absence, louer et remercier encores ceste bonté divine de ce qu'il luy plaist nous envoyer sa saincte paix, qu'on tient pour faicte, qui est une segonde grâce qu'il faict à ce pouvre royaume et à ung chascung de nous en particulier, de laquelle il nous fera, s'il luy plaist, bientost jouyr et des aultres bénédictions et grâces, comme je l'en prie, avecque vous, de tout mon cœur, et vous donne encores, MM., sa saincte garde et conservation.

Chanac, ce 22 novembre 1593.

Signé : ADAM, *évêque de Mende*.

LISTE DES PRINCIPALES TRÊVES CONCLUES ENTRE LES ROYALISTES ET LES LIGUEURS DU GÉVAUDAN.

de 1589 à 1594.

1ᵉʳ septembre 1589. (F. André, *Documents sur les Guerres de Religion en Gévaudan*, t. III, p. 490).
25 décembre 1589. (Ibid. t. III, p. 516).
18 juin 1591 (Ibid. t. III, p. 529).
Février 1592 (Ibid. t. IV, p. 6).

Extrait d'une lettre d'Adam de Heurtelou a M. de Chanoliiet, syndic du pays de Gévaudan, au sujet de la prolongation de la trêve.

Chanac, 3 mars 1594.

(F. ANDRÉ, *Documents sur les guerres de Religion en Gévaudan*, tome IV, page 88).

« ...... J'espère que ce seront les dernières trefves, pour ce que je voys ung chascung se disposer à prendre le party du Roy ».

Note sur les documents relatifs a la soumission des principaux Ligueurs du Gévaudan au Roi Henri IV.

Adam de Heurtelou ne se trompait pas ; les chefs ligueurs et les principales localités ligueuses ne tardèrent pas à se soumettre.

I

Le marquis de Canillac
gouverneur de l'Auvergne et baron du Gévaudan.

Canillac est sollicité par Adam de Heurtelou « de prendre le party du Roy, puisque le sujet de la guerre (un roi hérétique) a cessé ». (14 août 1593) (1).

---

(1) F. ANDRÉ, *Documents sur les guerres de Religion en Gévaudan*, t. IV, p. 72.

Le marquis promet de conserver la Canourgue, principale localité de la baronnie de Canillac en Gévaudan, sous l'obéissance du Roi. (24 septembre 1593) (1).

Voir, dans IMBERDIS, *Histoire des guerres de Religion en Auvergne*, t. II, pp. 451 à 460, la soumission de Canillac et des ligueurs d'Auvergne à Henri IV.

II

Philibert d'Apcher

gouverneur ligueur de St-Flour et sénéchal ligueur du Gévaudan, baron du Gévaudan.

« Lettres patentes du Roi Henri IV qui donne décharge à ce seigneur et à ses gens pour tous les faits d'armes accomplis pendant les derniers troubles ». (16 juillet 1594) (2).

« Requête de M. d'Apcher, chef du parti de l'Union en Gévaudan, adressée après sa soumission à Mgr de Montmorency. Réponse du Maréchal ». (27 septembre 1594). (3)

---

(1) F. ANDRÉ, *Documents sur les guerres de Religion en Gévaudan*, t. IV, p. 75.
(2) Ibid. t. IV, p. 91.
(3) Ibid. t. IV, p. 116.

Note sur les documents relatifs a la soumission des principales villes ligueuses au Roi.

I

Le Malzieu.

« Délibération de la ville du Malzieu portant qu'il sera prêté serment de fidélité au Roi Henri IV ». (18 septembre 1594) (1).

« .... Que M⁣ᵉʳ de Mercœur (2) nous dispance do de ce, pourveu que nous ne pourtions préjudice à son revenu ».

« Délibération de MM. les commis, syndic et députés du Gévaudan, relative à la soumission de la ville du Malzieu ». 21 septembre 1594) (3).

« Lettre d'Adam de Heurtelou à MM. les commis, syndic et députés du pays de Gévaudan au sujet de la soumission du Malzieu ». (22 septembre 1594) (4).

II

Saugues.

« Les délégués de Saugues, nommés le 21 septembre 1594, se rendent à Mende pour prêter le ser-

---

(1) Arch. départ. Lozère, Série C. 1803. (F. ANDRÉ, *Documents sur les guerres de Religion en Gévaudan*, t. IV, p. 105).

(2) Le duc de Mercœur, gouverneur ligueur de la Bretagne, s'entêtait à poursuivre la lutte contre le Roi légitime.

(3) Ibid. t. IV, p. 108.

(4) Ibid. t. IV, p. 106.

ment de fidélité à Henri IV, entre les mains du gouverneur M. de Fosseuse (27 septembre) (1).

Extrait de la lettre écrite par Adam de Hurtelou aux commis, syndic et députés du Gévaudan, à la nouvelle de la soumission de Saugues.

« Je puis dire maintenant que mon diocèse est en l'état auquel je le désirois il y a longtemps ; de quoy je loue grandement Dieu pour le repos et soulatgement que le paoure peuple en recepvra ». (28 septembre 1594) (2).

---

(1) F. ANDRÉ, *Documents sur les guerres de Religion* vaudan, t. IV, p. 112.

(2) Arch. départ. Lozère, Série C. 1803.

APPENDICE

Analyse des principaux articles de l'Édit de Crémieu, sur lesquels s'appuient les officiers de la Sénéchaussée de Mende.

Edit sur la prééminence des baillis et juges présidiaux sur les prévôts, châtelains et autres juges inférieurs du Royaume.

Crémieu, le 19 juin 1536.

(Enregistré au Parlement de Paris, le 16 avril 1537).

(Isambert, *Anciennes Lois françaises*, t. XII, pp. 501-510).

I

Les baillis, sénéchaux et autres juges ressortissant des Cours de Parlement, connaîtront de toutes les causes du domaine royal. . . . .

IV

Les baillis, sénéchaux et autres juges présidiaux vérifieront les hommages des vassaux relevant du Roi. . . . .

IX

Les causes des Églises ayant reçu des lettres de garde gardienne appartiendront aux baillis et sénéchaux. Les causes des Églises dépourvues de ces lettres appartiendront en 1re instance aux juges inférieurs.

X

Les baillis, sénéchaux et autres juges présidiaux connaitront des crimes de lèse-majesté, fausse monnaie, assemblées illicites, port d'armes, etc. . . . . .

XXVII

Les élections des consuls seront présidées par les baillis et sénéchaux... Ils recevront le serment et procèderont à l'installation, selon les statuts et ordonnances des villes par nous « concédez, approuvez et confirmez »................

Extrait de la déclaration « portant que l'Edit de Crémieu ne s'applique pas aux juridictions seigneuriales ».

Compiègne, le 24 février 1536.

(Enregistré au Parlement de Paris, le 25 avril 1537).

(Isambert, *Anciennes Lois françaises*, tome XII, page 533).

« ...... Nous, (qui voulons relever nos sujets et vassaux de frais, mises et despens, tollir et oster les doutes et difficultez qu'ilz pourroient avoir), désirant les favorablement traiter et soulager, avons dit et déclaré... que, par l'ordre et réglemens qu'avons mis entre nosdits juges présidiaux et subalternes, n'avons aucunement compris en nosdites ordonnances et édit, nosdicts vassaux ayans en leurs seigneuries juridiction et justice, mais seulement nos justiciables qui ont à subir jugement par devant nos dits juges, et des causes et matières dont la cognoissance leur a, de tout temps, appartenu et appartient. Et voulons, et nous plaist, que tous et chacun nos vassaux ayans justice l'exercent et facent exercer entre toutes personnes, nobles et plèbes, et en toutes causes et matières dont la cognaissance leur a appartenu et appartient ».

« Extrait tiré du cahier des délibérations tenues en l'assemblée des gens des Trois Estats convoqués en assemblée en la présente ville de Mende par mandement du Roi et de Messeigneurs les commissaires par Sa Majesté délégués ou par Messieurs les Trésoriers généraux de France établis en Languedoc, pour imposer les deniers par sa dite Majesté mandés, imposés sur les habitants et contribuables du présent diocèse de Mende ». (Installation du Sénéchal. M. de Saint-Vidal).

8 juillet 1584.

(Archives départementales de la Lozère, Série G. 914).

(INÉDIT)

L'an mil cinq cent huitante quatre et le huitiesme jour du mois de juillet, en la ville de Mende et dans la grand salle des maisons épiscopales d'icelle, sur les dix heures du matin.

Assemblés illec Messieurs les gens tenans les Trois Etats, mandés être convoqués en la dite ville de Mende, dénommés plus applain au rolle et cahier des dites délibérations. — Et même Monseigneur de Sainct-Vidal, chevalier de l'ordre du Roi, capitaine de cinquante hommes d'armes de ses ordonnances, gouverneur et lieutenant pour Sa Majesté tant en ce païs de Gévaudan que Velay, seigneur et baron de Cénaret, baron du tour la présente année, Messeigneurs Jehan Brugeyron, bachelier en droit canon, chanoine de ladite église cathédrale dudit Mende et vicaire général de Monseigneur (1) président de la dite assemblée, Jehan Dumas, licencié ès droit et juge de la Cour royale commune du Comté et Bailliaige de Gévaudan, commissaire principal pour procéder au despartement des deniers du Roi ; Bardon, premier consul du dit Mende, commissaire ordinaire ; Robert de Chanolhet, syndic du dit diocèse.

Par mondit seigneur de St-Vidal a été proposé, en pleine assemblée, qu'il est très requis et nécessaire pourvoir principalement à l'installation du siège de Sénéchal de nouveau érigé par le Roi dans la présente ville de Mende comme a esté délibéré ci-devant en autres assemblées desditz sieurs des Estatz (2), afin que, par ce moyen, les voleurs soient chatiés et la justice administrée à tous, parquoi a prié l'assemblée y pourvoir et lui en donner avis et savoir celui qu'il conviendra envoyer à Thoulouze pour luy assister.

---

(1) Adam de Heurtelou.

(2) Notamment en 1583. Voir les *Procès-verbaux des Etats du Gévaudan*, F. André, t. I, pp. 125 et suiv.

Par Monsieur Brugeyron, vicaire et président à ladite assemblée, après avoir recueilli les voix des dits sieurs de l'assemblée a esté conclud que le dit sieur Chanolhet, syndic, s'acheminera et accompagnera Mᵉʳ de St-Vidal pour faire le voyage au dit Thoulouze pour obtenir et poursuivre l'installation dudit siège de Sénéchal de la Cour souveraine de Parlement dudit Thoulouze et d'icelle obtenir commissaire pour cependant installer (1), et que le dit sieur syndic retirera les trois cens escus du receveur pour l'avance, pour d'icelle somme faire les fournitures nécessaires à la charge d'en rendre compte du reliquat.

Signé : BASTIT,
notaire royal (2).

---

(1) On lit en marge : « Délégation du syndic à Thoulouze, pour l'installation du siège de Sénéchal, du 8 juillet 1584. Suis parti de Mende le mercredi, huitième jour d'août, et de retour le samedi, quinzième de septembre ».

(2) Le Sénéchal fut installé à Mende dès les premiers jours du mois d'avril 1585, par M. de Luc, conseiller au Parlement de Toulouse. Voir l' « Etat des dépenses faictes par le conseiller M. de Luc, commissaire depputé pour installer le Sénéchal ». (Arch. départ. Lozère, Série C. 1311, inédit).

« Moyens d'intervention que mettent les agents
du Clergé général de France au procès pendant au Conseil entre Messire Bernard Dangles, syndic de l'église et clergé de Mende,
et M⁰ Vidal Martin, juge-mage en la Sénéchaussée nouvellement érigée à Mende. »

(Archives départementales de la Lozère, Série G. 917)

INÉDIT (1)

Ce sont les moyens d'intervention que les agents du clergé général de France, à la suite du Roi, donnent et mettent pardevant Sa Majesté et Nosseigneurs de son Conseil au procès pendant en iceluy entre Messire Bernard Dangles, chanoine de l'église cathédrale de Mende et syndic du clergé du diocèse du dit Mende, et Messire Adam de Heurteloup, évêque et seigneur du dit Mende, comte de Gévaudan, demandeurs, d'une part ; - et Messire Vidal Martin, juge-mage en la Sénéchaussée du dit Mende, et Pierre Lenoir, commis au greffe d'icelle, défendeurs, d'autre part, afin de montrer que, à bonne et juste cause, il sont intervenus pour déduire l'intérest que le clergé général de France a en la décision de cette cause et à conserver en son entier le Pariaige fait entre les feus rois et les évesques du dit Mende ; laquelle intervention les dits agents prétendent devoir

---

(1) Ce document n'est pas daté ; il est toutefois antérieur à l'installation du Sénéchal (avril 1585).

être autant plausible comme elle regarde le général du dit clergé à l'entretennement et conservation des droits et privilèges desquels il est sans doute que chacun a intérest. Et pour venir au particulier du fait de cette cause, les dits agents diront qu'ayant eu communication des productions des parties pour recognaistre quel intérest le général du dit clergé avait au dit procès, ils auraient trouvé qu'il s'agissait de l'entretennement d'un contrat de Pariaige prétendu révoqué en doute ou altéré par le moyen de l'édit portant création d'un siège de Sénéchal à Mende; de manière que les dits agents ont reconnu facilement par les présentes que si le dit siège de Sénéchal avait lieu et demeurait établi en la dite ville, outre l'intérest et dommage particulier qu'il est notoire à ung chacun que tel establissement apporterait à la dite église, évesché et clergé de Mende, il ferait ung extrême préjudice à tout le général du clergé de ce royaume, parce que tous les contrats et pariaiges que les autres églises ont, pourraient à l'imitation et en conséquence d'un tel arrêt être altérés (1).

Il semble que si chose fut faite artificiellement c'est l'édit de la création du dit siège, d'autant que, *prima fronte*, il semble qu'il ne veuille aucunement préjudicier au droit de pariaige ni à ce qui est des droits de l'Église; et néanmoings particulièrement le dit édit ne fait autre chose que préjudicier au dit Pariaige.

Et premièrement, est remarquable la contrariété

---

(1) Les agents du clergé de France généralisent ainsi l'intérêt du procès de la Sénéchaussée.

du dit Pariaige avec iceluy édit en ce qu'il est porté par le texte du contrat que les officiers de Sa Majesté, autres que ceux du Bailliaige, *larem nec habitationem in terra propria episcopi* (1), qui est la dite ville de Mende, *nec in terra communionis*, qui est le reste du pays, *sua officia exercendo non habebunt*, — de manière que, ayant lieu iceluy édit, il se voit qu'il est dérogé notoirement au dit contrat de Pariaige, puisque le dit juge-mage y demeure et autres du Sénéchal, parce que les officiers de Sa Majesté qui y doivent habiter, faut qu'ils soient du Bailliaige, n'étant, par le dit Pariaige, permis à aucuns autres, comme il serait, si celui édit avait lieu. Et par ce moyen se voit qu'iceluy édit ne peut subsister ou qu'il faudrait nécessairement que le dit Pariaige ne demeure plus en sa force, ains fut altéré, ce qui apporterait un extrême préjudice à toutes les églises de France qui ont pareil droit que la dite église et évêché de Mende ont, d'autant qu'elles en seraient par tels moyens privés contre les promesses faites par Sa Majesté au clergé de ce royaume de le maintenir et conserver en tous ses droits et privilèges.

Il y a plus, que par le dit Pariaige le roi avec l'église et l'évesque de Mende se sont associés, *in omni jurisdictione alta et bassa, mero et mixto imperio, et in omni dominatione et potestate temporali et ressorto, et in juribus regalium* (2) et en tous autres droits et

---

(1) Voir le Paréage dans DE BURDIN. *Documents historiques sur le pays de Gévaudan*, t. I, p. 373.

(2) Extrait du Paréage. (Ibid, t. I, p. 363).

juridictions appartenant à sadite Majesté et à la dite église de Mende, *quoquo modo*, dans toute l'étendue du comté, évesché de Gévaudan et diocèse de Mende, et en tous lieux et sur toutes personnes nobles, roturières, ecclésiastiques et séculières et pour toutes causes et occasions. Et au moyen de cette occasion a été institué par ledit Pariaige un bailli, un juge et autres officiers pour l'exercice de la dite Juridiction ès-dit pays, comté et évesché, avec pouvoir de connaitre soit entre les susdits nobles, gens d'église ou autres personnes, non seulement de toutes causes et matières civiles, personnelles, possessoires, réelles, mixtes et criminelles, mais aussi des crimes de lèse-majesté, fausses monnayes, assemblées illicites, émotion populaire, port d'armes, infraction de sauve-garde et tous autres cas censés et réputés royaux, et desquels les officiers de Sa Majesté pouvaient connaitre auparavant iceluy Pariaige dans l'étendue du dit Bailliaige, sans que personne puisse décliner la dite juridiction du Bailliaige, ni recourir ailleurs, sinon par voie d'appel. Et néantmoings, si l'édit d'érection du Sénéchal avait lieu, il adviendrait que ce droit et pouvoir serait osté au dit Bailliaige et confié au Sénéchal, au moyen de ses entreprises, prétendant qu'à lui seul appartient de connaitre des cas royaux et non au dit Bailliaige, chose qui apporterait telle diminution aux droits du dit Pariaige qu'il ne lui resterait plus que le nom, puisque l'effet en serait osté.

Et sur ce, est remarquable le préjudice que voulait faire le juge-mage de la Sénéchaussée au bailly et à ses lieutenants, d'autant qu'à eux appartient de faire l'assiette et despartement des deniers du Roi, chacune année, en l'assemblée des Etats du pays, avec le commissaire principal de l'assiette et autres commissaires ordinaires qui ont accoustumé d'y vaquer, de tout temps et ancienneté, sans aucun changement, estant ledit bailly en possession immémoriale du dit droit (1). Le dit juge-mage toutefois, sitôt qu'il fut entré en l'exercice de son office, encore que les commissions ne lui fussent en rien adressées, et même que le Sénéchal de Nismes à l'instar duquel celui de Mende a été érigé et comme éclipsé d'iceluy, n'ait jamais fait ni prétendu faire semblable despartement de deniers au dit pays de Gévaudan, non pas même à Nismes, auquel lieu le viguier de Nismes qui est le juge ordinaire y procède, nonobstant toutes ces raisons, le dit juge-mage entreprit de violer les lois, anciens privilèges et coutumes du pays par sa violence, et, en ce faisant, au lieu de soulager le public, imposa sur iceluy en une année la somme de soixante mille escus ou environ, qui ont été levés et exigés sur le peuple, desquels n'en tourna jamais directement au Roi six mille. Ce sont les premiers faits que l'établissement du dit siège de Sénéchal a apporté au pauvre peuple; qui montre combien il importe non seulement au clergé du dit païs de Gévaudan, mais à tous les habitants d'iceluy, d'empêcher l'établissement du dit siège.

L'on ne pourrait remarquer une plus grande cou-

---

(1) Consulter sur ce point, F. ANDRÉ, *Procès verbaux des Etats du pays de Gévaudan*, t. I.

trariété entre deux actes que celle que l'on peut coter au doigt et à l'œil entre le dit Pariaige et iceluy édit de création, en ce que par le dit Pariaige estant faite association entre le Roi et l'évesque de tout droit de juridiction et mesme de ressort, l'exercice de la dite juridiction en toute cause et matière est, par même moyen, attribué auxdits officiers du Bailliaige pour juger les appellations qui seront interjectées des juridictions ordinaires de l'étendue du Bailliaige, sans que, *in dictis terris nullus possit quacumque causa declinare jurisdictionem dictorum baillivi et judicis*, comme il est expressément porté par le dit Pariaige en deux divers endroits d'iceluy (1). Au contraire, par le dit édit de création du Sénéchal, ils auraient fait attribuer le ressort des dites appellations des juges ordinaires au siège de Sénéchal, et par ce moyen en veulent priver le dit Bailliaige. Et pour ce faire, lorsque l'une des parties a appellé et relevé son appel au Bailliaige, l'autre partie, à l'instigation du juge-mage, la fait anticiper par devant le Sénéchal, et par tels moyens obliques, privent la dite église des droits du dit Pariaige et le Bailliaige de tout l'exercice de sa juridiction.

Davantaige, par le dit Pariaige, il est expressement porté que le sceel seul des contrats appartient au Bailliaige, et que les contraintes ne se pourront faire au dit pays sinon par vertu du dit sceel du Bailliaige, et qu'il n'y pourra avoir au dit pays, ni être exécutée autre rigueur de sceel royal, encore que les personnes

---

(1) Le Pariage, ibid. p. 370.

s'y fussent soumises. Et toutefois iceluy juge-mage aurait fait couler dans l'édit d'érection que le Sénéchal connaîtra des causes des conventions de Nismes (qui sont les causes procédant de la rigueur du scel de Nismes nommé des conventions), tout ainsi qu'en cognoist le juge d'icelles conventions, en quoi se découvre une aultre évidente et grande subtilité, parce que le dit Sénéchal de Mende a été érigé à l'instar de celui de Nismes, lequel Sénéchal de Nismes ne cognoist des dites conventions sinon par voie d'appel, d'autant qu'il y a ung juge des dites conventions séparé du Sénéchal, qui cognoist d'icelles conventions en première instance et les appellations du dit juge ressortissent au dit Sénéchal, mais il en est tout au contraire au Sénéchal de Mende, de manière que par tel moyen le dit juge-mage prive non seulement de l'honneur et authorité le dit Bailliaige, mais aussi des droits qui lui appartiennent et rendent les dits officiers du Bailliaige sans exercices et les privent de leurs profits et émoluments au grand préjudice du Pariaige.

Il y a encore de la contrariété entre le dit Pariaige et le dit édict en diverses autres choses, et entre autres, en ce qu'il est dit par le Pariaige que les appellations qui seront interjectées du bailly ressortiront au Parlement, et néantmoings par l'édict d'érection est au contraire ordonné que les appellations du dit bailly ressortiront par devant le Sénéchal, et par ce moyen y aurait un troisième degré d'appellation, qui n'est permis par les ordonnances, ni par le droit escrit.

Résulte doncques de ce dessus, que les dits agents

ont, pour le dû de leur charge, eu très grande occasion et juste de supplier très humblement Sa Majesté conformément à ses contrats et promesses, ne permettre que tel Pariaige, de si longtemps fait avec un de ses prédécesseurs et confirmé par tous les autres jusques à lui, publié en Parlement et gardé inviolablement jusqu'à la dite nouvelle érection, soit tellement altéré que si l'établissement du dit Sénéchal avait lieu, ce serait entièrement préjudicier aux droits du clergé général de ce royaume, contre les contrats et promesses faites par Sa Majesté.

Par ainsi, supplient très humblement Sa Majesté les dits agents révoquer le dit édit d'établissement du dit siège, et maintenir et conserver le clergé et église de son royaume en leurs droits et privilèges, afin qu'à l'avenir les successeurs des dits agents en la dite charge, ni le clergé même en assemblées qui s'en pourrait faire, n'accusent les dits agents, qui sont de présent en charge, et qui font cette requeste et supplication à Sa Majesté de n'avoir veillé à la défense des droits attribués à l'église et clergé, même à ceux qui sont de telle conséquence qu'est le dit Pariaigo, et qu'au défaut de ce ne leur soit imputé à grande faute, vu que Sa Majesté s'est toujours montrée protecteur et vrai deffenseur des dits droits ; et ce faisant sera rendu justice à ses subjects.

DADRE. *(Signature illisible)* (1).

---

(1) Les deux signatures sont autographes.

Note sur Adam de Heurtelou, évêque-comte de Gévaudan.

(1586-1609).

Adam de Heurtelou, originaire du Mans, était abbé commendataire de l'abbaye des Prémontrés du Restauré (diocèse de Soissons), prieur et seigneur d'Ispagnac (diocèse de Mende), ancien conseiller et premier aumônier de feu le duc d'Alençon, chanoine des églises cathédrales de Paris et de Mende, et vicaire général du célèbre Renaud de Beaune, qui, successivement archevêque de Bourges et de Sens, reçut Henri IV converti sur le parvis de Notre-Dame. Il succéda à ce dernier sur le siège épiscopal de Mende en l'année 1586. Prélat royaliste et gallican, il se fit remarquer, à la différence de son prédécesseur, par de longs séjours dans son diocèse. Il fut toujours dévoué à la royauté légitime. Sa ferme attitude décida de l'échec des Ligueurs en Gévaudan et du succès définitif de la cause d'Henri IV.

MÉMOIRE SUR LES LETTRES OBTENUES PAR LE SINDIC DE L'ESGLIZE DE MENDE DU CONSEIL D'ESTAT (1).

(Archives du département de la Lozère, Série G. 906).

(INÉDIT)

Parce que les dites lettres prennent leur source et entier fondement sur la transaction et Pariaige faict entre feu le Roy Philippe le Bel et Messire Guillaume Durand, évesque de Mende et comte du Gévaudan, tant pour raison de leur justice commune au comté et bailliage de Gévaudan que pour celle qui leur est particulière pour leurs propres terres et pour tous les droits qui leur appartiennent en icelle, il est besoing de faire bien voir et exactement le Pariaige au Conseil d'Estat, lequel, comme il est du tout croyable, n'a jamais esté veu lors de l'érection et création de ceste Sénéchaussée à Mende, ny entendu, conventions faictes par iceluy entre le dit feu Roy Philippe et le dit évesque, duquel Pariaige on verra tout clair ce qu'apartient audict bailliaige et les usurpations que ledit Sénéchal faict en iceluy, quoique par l'arrest du Conseil sur ladite érection, ledit Pariaige demeure confirmé.

---

(1) Ce document n'est pas daté. Nous croyons cependant qu'il a été écrit immédiatement après la réception des lettres obtenues par le syndic, et qui sont datées du 18 septembre 1587. Voir plus haut, pp. 81 et suiv.

Le sommaire dudit Pariaige est en ce que l'évesché de Mende et le païs de Gévaudan estant, dès le commencement, en souveraineté à l'évesque comme ayant esté du Royaume d'Aragon (1), et ne recognoissant aucunement le Roy de France, messire Aldebert (2) en l'an mil cinq cent soixante ung, comme se veoit par la Bulle d'or, aurait faict hommage de fidélité au Roy pour raison d'iceluy, soubs la déclaration faicte par le Roy de le vouloir conserver en ses droits, sur quoy par succession de temps seroit advenu qu'il y eut une grande controverse entre les officiers dudit seigneur évesque et le Sénéchal de Beaucaire pour les prétentions que ledit Sénéchal faisoit sur iceulx, tant par supériorité de ressort que par aultres moyens, de quoy enfin, après une longue plaidoirie en la Court de France et aultres, ledict feu roy Philippe et ledit seigneur évesque demeurarent d'accord et firent ledit Pariaige en l'an mil trois cens et six, par lequel il fust convenu et accordé entre eulx que la justice seroit commune et les officiers communs en tout le comté et bailliaige, réservé leurs terres propres, savoir : au Roy, la ville de Maruejols et autres terres propres, et audit évesque de Mende, la ville de Mende et toutes ses autres propres et de son temporel pour l'évesché, — que lesdits officiers institués communément en ceste façon congnoistront de toutes actions

---

(1) Consulter *Le Gévaudan sous la domination des comtes de Barcelone et des rois d'Aragon*, par F. André. (Extrait du Bulletin de la Société d'agriculture de la Lozère).

(2) L'évêque Aldebert du Tournel

personnelles, de touts domaines ou patrimoines appartenans au public ou au particulier, de tous crimes capitaux et aultres ordinaires ou extraordinaires, et sur toutes personnes indifféremment gentilshommes ou plèbre, voire mesmes, privativement à tous aultres juges, des crimes de lèse-majesté, fabrication ou exposition de faulse monnaye, assemblées illicites, émotions populaires et aultres crimes royaux excepté le seul crime de lèse-majesté au premier chef, — et outre qu'ils auroient droict de pourveoir au faict de la police dans les terres communes, assister aux assemblées générales, mesmes aux assemblées des Estats du païs avec le greffier dudit bailliaige, faire le despartement des deniers du Roy et aultres impositions et comissions de Sa Majesté, sans que la séparation desdicts droicts puisse estre faicte à l'advence entre le Roy et l'évesque pour quelque occasion que ce soit.

Que ledit bailliaige sera composé d'ung bailly, et d'ung juge qui seront communément pourvus par le Roy et l'évesque, et la justice administrée soubz leur nom en toutes les terres communes, lesquels cougnoistront de toutes les justes matières sans que personne, gentilhommes ou plèbre, puisse décliner leur juridiction qui est voye d'appel, selon la disposition du droict, ou a desnis de justice, ou par récusation vraye et legitime, auquel cas sera plaidé par devant aultre, au mesme siège du bailliaige néantmoins.

Que les appellations dudit bailliaige pourront estre receues immédiatement en la Court ou par devant le Sénéchal, selon la volonté de l'appelant.

Que toutes les juridictions ordinaires qui sont dans le district ou enclos dudit Bailliaige et des terres communes en ressortiront, et les appellations seront receues par devant ledit Bailliaige, qui en cognoistra soit en causes personnelles, réelles ou mixtes, ou en causes criminelles, tout ainsi que le Séneschal, mesmes sur les juridictions ressortissans par devant luy.

Que audit Bailliaige et Court commune y aura ung sceau commun, à la rigueur duquel se pourront soubmettre non seullement ceux des terres communes, mais aussi des terres propres, dans lesquelles ne pourra y avoir ou estre exécuté aultre rigueur par sceau royal, combien que ceulx desdites terres propres ou communes s'y soyent soubmis, si ce n'est que l'exécution soit faicte dans les lieux mesmes de la submission, lors que ceulx qui s'y seront soubmis s'y trouveront.

Que la punition des faultes commises par les ordinaires ressortissant au dit Bailliaige appartiendra aussi aux dits officiers dudit Bailliaige.

Que les amendes et confiscations seront communes et ne pourront aussi être remises que communément.

Les prisons dans les dites terres du Bailliaige seront aussi communes, comme aussi les piloris et autres moyens de haulte justice.

Le Sénéchal, juge-mage et procureur du Roy sont tenus de jurer sur les saints Évangiles, comme les officiers du Bailliaige, l'observation du dit Pariaige, autrement à faulte de ce faire, les dits officiers du Bailliaige ne seront tenus recomnaitre le dit Sénéchal.

De quoi on voit clairement ce qui est de l'autorité du Bailliaige et Court commune et ce qui lui apartient et a appartenu de tout temps en l'exécution de la justice; et bien qu'il en ayt paisiblement joui, toutefois les officiers reçoivent tel trouble en leurs faicts par le dit Sénéchal nouvellement érigé à Mende, qu'il est impossible de plus, et le dit Bailliaige demeure du tout inutile et sans aucun effet, comme s'il était supprimé, contre l'édit d'érection et l'arrêt du Conseil.

Car toutes les dites causes, dont les officiers de la Cour commune et Bailliaige ont connu par le moyen dudit Pariage jusques à présent, sont divisées ou en actions personnelles, civilles ou criminelles, réelles ou mixtes en première instance, en commissions royales, en appellations des ordinaires, ou en contraintes par soubmission.

Pour les premières, soient personnelles réelles ou mixtes, maintenant les parties recourent directement au dit Sénéchal, et laissant le dit Bailliage pour être si prochain l'ung que l'autre, ce qui provient par la subtilité même du juge-mâge, qui dispose les avocats en cela comme il lui plait ; et ceulx qui s'y rendent refusant, leur fait des menaces et intimidations, ou leur donne connaissance du déplaisir qu'il en reçoit, prenant son fondement sur ce qu'il se dit être ordinaire des ordinaires et juge immédiat ressortissant en la Cour de Parlement. En quoi il est nommément contrevenu à l'édit de Crémieu (1) où il

---

(1) « Edit sur la prééminence des baillis et juges présidiaux sur les prévôts, châtelains et autres juges inférieurs du royaume ». Fait à Crémieu, par François Ier, le 19 juin 1536 ; enregistré au Parlement de Paris le 16 avril 1537, après Pâques. (ISAMBERT, *Anciennes Lois françaises*, t. XII, pp. 501 à 510).

prend toutefois son appui, lequel, avec beaucoup d'aultres, faicts par le Roi, soutiennent beaucoup mieux la justice des seigneurs justiciers principalement ceux du Bailliaige pour être en Pariage avec le Roi, les officiers de laquelle se peuvent dire immédiats par le dit Pariaige, en tant que les appelants peuvent mesmement relever en la dite Court, soit que, par la déclaration faite par le Roi après le dit édit, la dite Cour commune ni est comprise.

Et ne peut le dit juge-mage se dire ordinaire des ordinaires que au seul cas de négligence et abus ou a desnis de justice, comme est porté par le dit Pariaige.

Pour le regard des commissions royalles, elles sont aussi par mesmes moyens et par l'industrie du dit juge-mage dressées au dit siège pour être en même lieu que le Bailliaige qui en est aussi privé par ce moyen.

Pour le regard des appellations, ou elles sont relevées des ordinaires au dit Sénéchal, ou si l'appelant relève au dit Bailliaige, il est anticipé au dit siège par l'appelé pour gagner une instance. Et ainsi toutes les dites causes dont le dit Bailliaige soulait connaitre lui sont ostées au préjudice de l'évêque et de l'Eglise et des officiers tant communs au dit Baillage que des ordinaires de la ville de Mende, qui est la terre propre de l'évêque duquel toute la justice est par ce moyen réduite à néant.

Et en ce qui concerne les contraintes par les obligations et soubmissions quoi qu'il y fut très bien pourvu par le dit Pariaige et que l'intention du Roi n'ait jamais été, ni de son conseil, de les oster au dit

Bailliaige, toutefois par l'usurpation que le dit juge-mage fait, il n'est resté au dit Baillage que quelques seules causes de celles qui étaient introduites auparavant la dite érection, ce qui apporte un si grand intérest à l'évêque qu'il en a perdu par ce moyen sa justice tant aux terres communes avec le Roi que les dites siennes propres, les officiers du Roi et siens ne le sont plus que de nom, le greffe a été vendu en titre de domaine sans aucun profit, ce qui apporte une perte intolérable à tous les officiers et au général de la justice pour le Roi et l'évêque.

La faute ne procède en cela que de l'union de la Cour des conventions qui était, auparavant la dite érection, au juge royal ordinaire de Nimes et des appellations au Sénéchal du dit Nimes, qui a été faite au dit Sénéchal nouvellement érigé.

Et aussi le séant du dit Bailliaige demeure sans aucun effet, combien que par le dit Pariaige il n'y en puisse avoir autre.

De quoi, oultre la dite usurpation, s'en ensuit un grand intérêt à tout le général du pays, principalement aux pauvres débiteurs qui sont contraints pour peu de chose tenir la prison, et pour n'avoir moyen de payer et perdre l'abus comme l'on observe tous les jours ; cela procédant de la rigueur du dit séant, qui permet de prendre personnes et biens sans que l'une exécution cesse pour l'autre, pour dix escus tant seulement ou au dessus, et les appellations vont en la Court de Parlement, attendu que le séant est uni au Sénéchal, lesquelles les pauvres débiteurs ne pouvant poursuivre si loin avec si grands dépens, sont contraints de demeurer en prison perpétuelle ou se soumettre à la merci de leurs créanciers.

Là ou si le dit séant demeurait et était uni au dit Bailliaige, suivant le dit Pariaige, les débiteurs seraient de beaucoup relevés parce qu'ils n'auraient peine de recours en la Court pour si peu de dette, et prendraient leurs remèdes par devant le Sénéchal, par voie d'appel, qui est ordonné en partie pour modérer cette rigueur, comme on voit en tous autres lieux où il y a un juge de conventions et Sénéchal, parce que cette rigueur, en tant qu'elle est presque contre la disposition du droit escrit, doit être plustôt modérée et restrainte que augmentée.

D'ailleurs il est presque contraire que le Sénéchal, qui est juge de ressort, soit rendu ordinaire par le moyen des dites conventions qui n'ont été jamais unies au Sénéchal de Nismes auparavant la dite érection du Sénéchal de Mende, et ça été mesme l'intention du Conseil, lors de l'arrêt sur les oppositions formées.

Et cela estant, le Sénéchal demeurera en sa même autorité et connaîtra du fait des conventions comme de toutes autres matières par voie d'appel, et néanmoins il sera satisfait en partie à l'intérest du Roi et du dit sieur Evesque pour raison de la Cour commune et Bailliaige, et lui demeureront par ce moyen les soumissions suivant le dit Pariaige et l'arrêt du Conseil sur l'érection du dit siège, par lequel le Pariaige demeure confirmé.

Comme aussi sera satisfait à l'intérêt que le dit Bailliage reçoit ensemble la juridiction propre et ordinaire en la ville de Mende et autres terres du sieur

Evêque, ensemble des autres ordinaires s'il plait au Roi et au dit Conseil ordonner que le dit Sénéchal ne pourra connaitre des actions pures, personnelles, réelles ou mixtes par voie ordinaire, ni des causes criminelles, exceptées celles qui sont réservées par le Pariaige, que par voie d'appel ou par commission ou en cas de négligence ou refus, comme il a été par devant observé auparavant la dite érection de Sénéchal à Mende, ce que le dit Sénéchal et autres officiers en icelui seront tenus de jurer, suivant le dit Pariaige, afin qu'ils n'y puissent contrevenir après, et que les dites jurisdictions, tant du Bailliaige et Cour commune que de l'ordinaire, puissent être conservées en leur autorité.

Sera aussi remonstré au dit Conseil que suivant le dit Pariaige et l'observance qu'a été de tout temps en ancienneté au dit pays de Gévaudan, le bailly et après lui le juge en la dite Cour, ou, en leur défaut, le plus prochain des magistats en la dite Cour commune, sont les commissaires ordinaires des assiettes et despartement qui se font des dits deniers du Roi et aultres par commission de Sa Majesté, avec les consulz de la ville de Mende et premier de Marvejols catholique, et les commissions lui sont, à cet effet, adressées annuellement par les commissaires généraux du Roi en l'assemblée générale des États en Languedoc, comme même cette année dernière la dite commission leur fut adressée ; en quoi, toutefois, ils reçurent tel empêchement par le dit juge-mage, qui de son autorité privée et sans permission de personne, ni que les commissions s'adressassent à lui, il a fait le département sur le pays non seulement des deniers du Roi, mais bien aussi, sans commission de Sa Majesté, jusques environ soixante mille escus, comme se voit par les assiettes, et la plupart des dons et présents, en quoi il ne s'est point oublié soi-même, son clerc nommé Jehan Noir et ses domestiques, jusqu'à son laquais sans que rien de cette imposition soit employé au service du Roi, sinon partie de ce que se monte l'entretènement de quelques gens de pied pour la garde de quelques villes.

Que oultre les dites impositions, ils en ont été faites en munitions, jusques à mil sestiers de bled, bœufs ou moutons... foin et paille, avoine et le tout mangé et dissipé, sous prétexte du siège de Marvejols, oultre la ruyne qu'on a faite sur le pauvre peuple par la gendarmerie, plus qu'en toutes les guerres précédentes, et avec moins d'effets, ce qui a réduit le pays en si grande pouvreté qu'il est entièrement ruiné, sans espérance de se remettre, et c'est le beau soulagement et le bon ordre qu'on a reçu du dit jugemage par l'érection de ce nouveau siège en cette année, mémement qu'on n'y a jamais vu si grande pauvreté ni telle stérilité de bled et tous autres fruits pour la nourriture de l'homme ; les ennemis néantmoings ont telle liberté dans le pays qu'ils vont ordinairement jusques aux portes de la ville de Mende et autres lieux tenus par les catholiques sans aucun empeschement, et en cette façon surprennent plusieurs villes et lieux.

Que lors de la tenue des dits États, le dit jugemage, pour prendre plus d'autorité dans le pays, voulut aussi et fit ses efforts d'empescher le grellier du

Bailliaige d'écrire aux États et aux officiers du pays, jusques à briguer les voix des assistants pour y introduire le dit Pierre Noir, son soire, contre et au préjudice des droits et privilèges du greffier du dit Bailliaige et de l'ancienne coutume de tout temps immémorial observée au dit pays, qui ne peut être altérée qu'au grand intérêt du dit greffier du Bailliaige et sans rompre le bon ordre que a toujours été tenu au dit pays sur le despartement des deniers du Roi avec plus grande modération et mieulx au soulagement du pauvre peuple.

Car il est certain que jamais ni lors même qu'on s'assurait de la réduction de Marvejols par le moyen de feu Monseigneur frère du Roi, lors du siège d'Issoire, ni mesme du temps de l'occupation de Mende et qu'on travaillait à la réduction d'iceluy et du dit Marvejols par siège, ils ne furent faites de telles impositions, et toutefois tout a été consommé sans qu'il se trouve à présent un seul denier pour envoyer des députés devant Sa Majesté pour lui faire entendre l'état misérable du pays.

Et là où il ne plaira au Roy corriger les usurpations que le dit juge-mage fait et tout le siège par ces moyens sur le dit Bailliage et sur la jurisdiction ordinaire dudit sieur évesque, qu'il est beaucoup meilleur de supprimer les dites jurisdictions que de les laisser en cet état avec tout désordre.

Et si le greffier du Sénéchal se dit en rien intéressé par l'union des conventions au dit Bailliaige, il lui sera répondu que tant s'en faut que cela soit, que bien au contraire il en rapporte grand proffit et son greffe vault deux ou trois fois plus que lorsqu'il était greffier en la banque et tablier de Gévaudan à Nismes. Car au lieu qu'il n'était que greffier civil de la dite banque de Gévaudan, il est maintenant civil, criminel et commissionné et encore greffier du Conseil, ce qu'il n'était point à Nismes, car c'étaient offices formés à part. Et oultre tout cela, il aura les appellations des conventions, ce qu'il n'avait point à Nismes auparavant que les appellations du juge des dites conventions de Nismes allaient à la banque pour tout le ressort des conventions et non à la dite banque de Gévaudan. Il n'aura donc pas sujet de se plaindre non plus que ledit juge-mage et tout le siège qui aura les dites appellations comme il avait à Nismes, tant du fait des conventions que de toutes autres matières suivant le dit Pariaige.

Et pour d'autant mieux avoir [la preuve que] le dit juge-mage [a le désir] d'usurper tout ce qui appartient à l'Evesque tant en sa jurisdiction ordinaire qu'en la dite Cour commune, soit pour la justice que pour les dits honneurs, autorité, prééminence qui lui appartiennent, tant en la dite ville et ses autres lieux propres que sur le pays comme évesque et comte, sera bon aussi de faire entendre au dit Conseil qu'il a voulu prétendre sur la dite ville et privativement aux officiers du dit Evesque de présider aux assemblées de ville, avoir les clefs des portes, bailler le mot de guet, faire l'élection des consuls, et leur faire prêter le serment et toutes autres choses qui regardent l'autorité et justice du sieur Evesque sans vouloir observer en rien que ce soit le dit Pariaige, ni permettre aux sergens institués de tout temps par le dit S^{gr} évesque ou ses officiers, ni même, qui est chose plus étrange, ayant les dits officiers et consuls avec le conseil de la ville distribué les pauvres habitans de la ville et aucuns estrangers sur les maisons de la dite ville pour y être nourris selon les moyens d'un chacun, à cause de la grande stérilité de l'année et des extrèmes froidures, le dit juge-mage n'en aurait voulu prendre sa part, ni souffrir que ses parents ou alliés en eussent et parce que l'huissier de la Sénéchaussée, du commandement du dit juge, aurait refusé de recevoir un de ces pauvres, et commis rébellion avec les armes contre les dits officiers et consulz, iceux officiers le mirent en prison tant à cause de la dite rébellion que des grands reniements qu'il faisait, ce qu'ayant su, le dit juge-mage, de son autorité privée, sans forme de justice par appel ni autrement, commanda au geolier, par un cartel, de l'élargir, ce qu'il fut contraint de faire par les dites menasses dont il usait contre lui.

Sur tout faut insister à l'union des dites conventions au dit Baillage, à la séance des Etats, tant pour raisons du bailly et autres officiers en son défaut que aussi pour le greffier, attendu qu'il le tient par accept en titre de domaine sous les prérogatives, privilèges et émoluments dont il a joui et ses prédécesseurs de tout temps, n'estant mémoire du contraire ; et moyennant ce, le dit Bailliage sera désintéressé, sinon du tout, au moings d'une partie.

Et pour le regard de l'ordinaire du dit seigneur évesque et des autorités et prérogatives qui lui appartiennent et à ses officiers, tant aux assemblées de ville que sur l'élection des consuls et prestations de serment et autre, que le dit Sénéchal, juge-mage et autres officiers en iceluy ne pourront rien prétendre ni leur donner aucun trouble ni empeschement, mais connaitre seulement du fait de la justice par voie d'appel ou en cas d'abus et négligence suivant le dit Pariaige, à peine de nullité, et afin qu'ils l'observent, qu'ils en prêteront le serment par acte public duquel le dit sieur Evesque sera saisi· ou les dits officiers communs et ordinaires pour la continuation de leurs droits. . . . .

« Extrait de la transaction faite entre la Sénéchaussée de Nismes, Mgr l'évêque de Mende et les officiers du Bailliage de Gévaudan, portant que les officiers du dit Bailliage jouiront, comme ils avaient fait avant la suppression du Sénéchal de Mende, des cas prévotables et des appellations des ordinaires du Gévaudan ».

5 décembre 1597.

(Archives départementales de la Lozère, Série G. 918).

(INÉDIT)

L'an mil cinq cent quatre-vingt-dix-sept, et du vendredi cinquième jour du mois de décembre de relevée, en la chambre haute du Conseil, pardevant Messieurs tenant le siège présidial, assemblés en ladite chambre du Conseil,

Mre Jaussaud, conseiller du Roi au présent

siège, a dit que, suivant sa députation, accompagné de M⁰ Froment, docteur et advocat, député du collège des avocats audit siège, seraient ensemble allés à la ville de Mende, où, après avoir conféré avec le seigneur évesque dudit Mende, comte de Gévaudan, des moyens de l'exécution de la volonté du Roi portée par son édit de Nantes, provisions données sur la suppression de la prétendue Sénéchaussée de Mende, leur a esté donné quatre articles de demande tant au nom du dit S⁺ évesque, officiers du Roi que siens au comté et baillage de Gévaudan, pour les représenter à cette compagnie, et iceux bien être préalablement accordés ; sur quoi a requis être délibéré, la teneur desquels articles s'ensuit.

Articles que Monseigneur de Mende, comte de Gévaudan, et les officiers du Roi et siens au Comté et Bailliaige de Gévaudan, désirent leur être accordés par Messieurs du siège présidial et Sénéchal de Nismes, conformément au Paréage fait entre le Roi et les prédécesseurs dudit sieur Evesque et aux lettres patentes de Sa Majesté et arrêt du Conseil privé.

Premièrement, que les officiers du Bailliaige, assistés du nombre de gradués requis par les ordonnances du Roi, connaitront, comme ils le faisaient auparavant l'érection de la Sénéchaussée de Mende naguère supprimée, des cas et crimes dont la connaissance appartient aux prévôts pour les juger en ressort et souveraineté, ensemble de la compétence et incompétence par provisions qui seront proposées contre ledit prévôt, du moins pour le regard des dites déclarations par provisions, ainsi qu'est porté par les dites lettres patentes et arrest du dit Conseil du douzième septembre mil cinq cent quatre-vingt-seize et autres patentes précédentes audit arrêt.

Secondement, que les officiers du Bailliage connaitront suivant le Pariaige et arrêt donné en jugement contradictoire entre les dits officiers de la dite Sénéchaussée de Mende et Bailliage, de toutes causes personnelles, réelles, mixtes, civiles, criminelles sur toutes personnes, tant ecclésiastiques, nobles que roturiers, réservé le ressort souveraineté de l'appellation par devant le Sénéchal.

Troisièmement, que pour toutes appellations qui seront interjettées des juges des seigneurs particuliers dudit Comté et Bailliage seront relevées et ressortiront par devant les dits officiers du Bailliage, sera suivant le dit Pariaige en obtion des parties de se relever par devant le dit Sénéchal ou en la Cour de Parlement et pour le regard de ce dont les dits officiers du Bailliage auraient connaissance en première instance comme juges ordinaires, comme aussi quand aux appellations des terres propres de Sa Majesté ou de Sr Evesque, elles ressortiront et seront relevées, par devant le Sénéchal, et, en dernier ressort, à la dite Cour du Parlement.

Quatrièmement, que, suivant ledit Pariaige fait entre le Roi et le dit Sr Evesque, les dits officiers du Bailliage auraient un sceau de submission à la rigueur tant pour les personnes que pour les biens, auxquels se pourrait soumettre non seulement un homme des terres communes et du dit comté, mais aussi de terres propres de Sa Majesté et du dit S' Evesque dans le dit pays de Gévaudan, sans qu'il y puisse avoir dans les dites terres du dit comté autre sceau, ni les dits hommes et habitants s'y obliger et soumettre, ni être contraints par la rigueur d'icelui si ce n'est en lieux où ils seront tenus, estant soumis à la rigueur d'iceux, ainsi qu'il est porté par le dit Paréage, ensemble par l'arrêt du dit Conseil.

La Cour présidial ayant mis en délibération les dits articles ci-dessus transcrits, remis par M° Jaussaud, conseiller du Roi en icelle, de la part de M° l'évesque de Mende et des officiers du Roi et du dit sieur évesque en la Cour commune du comté et Bailliaige de Gévaudan, a déclaré et déclare qu'elle n'entend empescher que le dit contrat de Paréage du Roi et du dit sieur évesque de Mende, arrêt sur icelui intervenu et autres déclarations et lettres patantes de Sa Majesté obtenues par les dits officiers, ne sortent à leur plein et entier effet, et ne soient suivis, gardés et entretenus suivant leur forme et teneur, et pour cet effet a chargé le dit Messire Jossaud, comme procureur particulier sur ce fondé, d'y prêter tout consentement, acquiescement et autres déclarations plus expresses qui pourraient être requises de la part du dit S' évesque et officiers du dit Bailliaige.

GAMOND, *greffier*, ainsi signé.

L'an mil cinq cent quatre-vingt-dix-sept, et le vingtiesme jour du mois de décembre avant midi, en la ville de Mende, et dans les maisons épiscopales, en présence de nous, notaires royaux de la ville de

Mende soussignés, et des témoins ci-après nommés, a esté en personne M° Jaussaud, conseiller du Roi en la Cour présidiale et de Monsieur le Sénéchal de Beaucaire et Nismes, lequel comme procureur sur ce fondé par Messieurs tenant la dite Cour présidiale et suivant la délibération par eux prise le cinquième jour du présent mois en la chambre haute de leur conseil, et le pouvoir qu'il y est donné par icelle dessus écrit, et dans laquelle sont insérés les articles que très révérend père en Dieu Messire Adam évesque et seigneur de Mende, conseiller du Roi en son Conseil d'Etat, et les officiers de Sa Majesté et siens, au siège présidial de la Sénéchaussée, conformément au Paréage fait entre le roi Philippe le Bel et Messire Guillaume Durand, lors évesque et comte du dit pays, et aux lettres patentes depuis obtenues, et arrest donné au Conseil de Sa Majesté, — a consenti et consent que les dits articles sortent leur plein et entier effet, et que les dits officiers du Roi et du dit S' évesque et comte au dit Bailliaige, jouissent du contenu en iceux, avec promesse de n'y contrevenir, ni fournir aucune opposition, ni empescher que le dit S" évesque de Mende et les dits officiers au dit Bailliaige n'en poursuivent les déclarations sur ce nécessaires et telles que bon leur semblera, et néanmoins en temps que besoin serait, le dit sieur Jossaud a promis de faire approuver le présent acte au corps du dit siège présidial pour en faire les déclarations et consentements nécessaires où besoin sera, et ainsi l'a promis et juré.

Fait en présence de Messires Paul Froment, docteur et avocat du dit Nismes, André de Chenoillet, docteur et official du dit Mende, Jacques Martin, doyen de la ville de Langeac, et Vidal Malet, marchand du dit Mende, soussignés avec le dit Jossaud et nous Jean Bompard et Jean Gay, notaires royaux du dit Mende, soussignés.

JOSSAUD. — FROMENT. — DE CHANOILLET. — MARTIN, doyen. — MOUTET. — BOMPARD, notaire royal.

Ainsi extrait collationné à l'original demeuré au pouvoir de Me Jean Brugeyron, greffier du Bailliage et pays de Gévaudan. Reçu par nous notaires royaux de la ville de Mende soussignés.

Signé : GAY et BOMPARD.

Nous, Vitalis de Michel, conseiller du Roi, magistrat royal, juge en la Cour royale et commune du comté et Bailliage de Gévaudan (1), certifions à tous qu'il appartiendra, avoir vidimé et collationné le présent extrait sur l'expédié d'iceluy en forme tiré de l'original par la partie requérante, à nous exhibé et retiré, en témoin de quoi nous nous sommes soussignés avec le commis au greffe de notre Cour et fait apposer le sceel royal d'icelle.

A Marvejols, ce 15ᵉ avril 1590.

Signé : MICHEL, *juge.*

Par mandement du dit sieur juge,

LAURENT, *commis du greffe.*

---

(1) Ce document porte, en effet, l'empreinte du sceau de la Cour commune du Bailliage de Gévaudan.

Lettres patentes du roi Henri IV qui, après avoir sanctionné la suppression de la Sénéchaussée de Mende, rétablit les officiers du Bailliage de la Cour commune dans leurs anciennes prérogatives.

5 octobre 1600.

(Archives départementales de la Lozère, Série G. 918).

(INÉDIT)

Extrait des registres du Parlement par Jean Bonnicel, notaire royal gradué de la ville de Mende, à la réquisition de Me Gros, avocat et procureur fiscal de la temporalité du seigneur évêque de Mende, et par luy retiré, qui s'est chargé de faire controller le présent collationné si besoin est.

Fait à Mende, le dixième juin mil sept cens trente quatre.

Bonnicel de Lhermet, notaire.

A tous ceux qui ces présentes verront, salut. Le feu Roy, de très heureuse mémoire, Philippe le Bel, par ses lettres patentes en forme de charte, de l'année mil trois cens six, en conséquence d'un contrat passé avec Guillaume Durand, lors évêque et comte de Mende, confirmé successivement par nos prédécesseurs Roys et nous, est homologué tant en la Cour de France lors séant que depuis en notre Court de Parlement de Toulouse, attribuer aux officiers du Bailliaige de Gévaudan la connoissance de toutes causes réelles, personnelles ou mixtes, civiles et criminelles et entre toutes personnes, soient ecclésiastiques, nobles ou plèbre, et de toutes actions qui seront intentées dans le ressort du dit Bailliaige entre les dites personnes et tous les habitans dudit pays ressortissans audit Bailliaige, même des complaintes et des causes possessoires des bénéfices, contraintes par corps, en vertu des obligations passées sous la rigueur et le sceau dudit Bailliaige, sans que dans ledit pays y puisse avoir autre sceau de rigueur que celuy dudit Bailliage, ny que les personnes qui se sont obligées et soumises à la rigueur de quelque autre sceau puissent par vertu d'ycelluy être contrainctes, sinon en cas qu'elles fussent trainées hors dudict pays et lieux mesmes où lesdits sceaux sont établis, et outre ce pouvoir de connaitre de toutes appellations tant civiles que criminelles qui seront relevées des sentences et ordonnances données par les officiers ordinaires des seigneurs justiciers dudict païs, lesquels ne pourront ressortir ailleurs que audit Bailliaige, et après, pardevant notre Sénéchal de Beaucaire et Nismes pour toutes les causes introduites en notre dit Bailliaige par voye ordinaire, et sur les appellations des ordinaires juges audit Bailliaige, étant l'obtion des appellans de les relever en notre Court de Parlement à Toulouse, dont lesdits officiers en notre dit Bailliaige ont plainement et paisiblement jouy sans aucun trouble ny empêchement jusques à la nouvelle érection faicte d'une Sénéchaussée dans ledict pays par le feu Roy dernier décédé, que Dieu absolve, en l'année mil cinq cens quatre-vingt-cinq, par laquelle cet ancien ordre auroit commencé d'être perverty par la présence et support du Sénéchal lors establv, lequel, favorisé des troubles et guerres civiles, et étant d'ailleurs gouverneur dans ledict pays, soutenoit tellement les officiers de ladite Sénéchaussée en l'interruption dudit ordre et conservation de la juridiction dudit Bailliaige, qui auroit egalé plusieurs contestations dans notre dit pays, partie desquelles mesmes en ce qui concerne la connoissance desdites causes pour arrêt de notre Conseil du 17ᵉ xbre 1587 (1), ouys au long, tant le scindic dudit pays que officiers desdites Sénéchaussées et Bailliaige, et veues lesdites lettres de charte et autres productions des parties, furent réglées toutefois au préjudice dudit arrest, lesdits officiers de ladite Sénéchaussée sous la faveur et appuy de nosdits sénéchaux et gouverneurs n'auroient désisté de continuer leur usurpation, bien que par ledict arrest leur eust enjoint expressément jurer l'observation du contenu en icelle et de nos dites lettres de charte, ce que nous était remonstré par nos sujets habitans audict pays, — et ayant mis en considération le notable intérest que nous avions en la conservation et maintenue des anciennes justices de notre Royaume, confirmées par tous les Roys nos prédécesseurs, et par nous-même, avons, par l'avis de notre Conseil, en premier lieu, supprimé ladite nouvelle Sénéchaussée, et ycelle réunie à celle de Beaucaire et Nismes, dont elle auroit été auparavant éclipsée, et ce faisant, ordonné que la juridiction auparavant attribuée à notre dit Bailliaige de Gévaudan, tant par les dites lettres de charte que par les édits et déclarations de nos feux

---

(1) Voir plus haut, page 85.

Roys et prédécesseurs, seroit et demeureroit confirmée et continuée à toujours, à quoy nos officiers mesmes en ladite Sénéchaussée de Nismes auroient prêté leur consentement, conformément auxdites lettres de charte, et bien que nous, ayant estimé tout ce dessus suffisant pour terminer les différends desdites juridictions, néantmoins y est ordinairement contrevenu au grand donnage et intérest de nos sujets dudit pays qui nous ont fait supplier et requérir leur vouloir sur ce pourvoir;

Sçavoir faisons que, voulant les favorablement traiter en tout ce qu'il nous sera possible, et les soulager, ayant égard qu'il est très nécessaire que la justice soit administrée suivant l'ancien ordre, pour le bien de notre service et maintien de notre autorité dans ledit pays, de l'avis de notre Conseil, qui a veu lesdites lettres de charte, et aultres édits et déclarations, avec leurs vérifications, les comptes rendus en notre chambre des comptes par nos clavaires et receveurs audit Bailliaige pour les amendes provenues des contraintes par corps pour la rigueur dudit sceau, mesmes aussy nos dernières lettres de confirmation de l'ancienne juridiction dudit Bailliaige, et l'arrest de nostre Cour de Parlement de Toulouze sur la vérification d'yceluy, ensemble le consentement, par nous prêté et par nos officiers de ladite Sénéchaussée de Nismes y attaché sur le contre-scel de notre chancellerie.

Avons dit et déclaré, et de notre certaine science, pleine puissance et authorité royalle, disons et déclarons, et nous plaist que nosdits officiers audit Bailliaige de Gévaudan jouissent pleinement et paisiblement de tout le contenu auxdites lettres de charte, et

aultres nos édits, déclarations et arrêts, selon leur forme
et teneur, aultres que ceux qui ont été donnés pendant les troubles, et à l'occasion d'yceux, au préjudice dudit contrat et des aultres édits et déclarations
précédant lesdits troubles, et ce faisant, qu'ils connoissent desdits cas et actions réelles, civiles, personnelles, mixtes, des appellations tant civiles que
criminelles des dites justices ordinaires, des contraintes par corps pour la soumission audit sceau, des
matières possessoires, complaintes et autres cas
royaux cy dessus exprimés et autres, qui leur sont attribués par nosdits édits et arrêts de notre Conseil,
avec la réservation susdite sans que nul puisse décliner de la juridiction dudit Bailliaige sy n'est appel
ou récusation légitime, et à cette fin faisons très expresses inhibitions et deffences tant à nosdits officiers en notre dite Sénéchaussée de Beaucaire et Nismes que aultres officiers des seigneurs justiciers de
notre dit pays, n'y contrevenir ni désobéir en quelque
sorte et manière que ce soit, ains incontinent et sans
délay, jurer inviolablement l'entière observation d'yceux, suivant lesdites lettres de charte et arrêts de
notre dit conseil, à paine de faux et de nullité de tous
les actes.

Si donnons en mandement à nos amés et féaux
conseillers, les gens tenant notre Cour de Parlement
de Toulouze et tous nos autres justiciers et officiers
qu'il appartiendra, ces présentes lettres enregistrer
et du contenu laisser jouir nosdits sujets habitans
dudit pays, et officiers en notre dit Bailliaige plainement et paisiblement sans permettre y être contrevenu
en aucune manière et sans y apporter aucun reffus,

modification et restriction, contraignons y obéir les dits officiers et tous aultres, nonobstant opposition ou appellations quelconques, et sans préjudice d'ycelles, car tel est notre plaisir.

Nonobstant tous édits, ordonnances, mandements, arrêts, et lettres à ce contraires auxquels et à leur dérogatoire nous avons derrogé et derrogeons par ces présentes, auxquelles, en témoin de ce, nous avons fait mettre notre scel.

Donné à Grenoble, le cinquième jour d'octobre, l'an de grâce mil six cens, et de notre règne le douzième, par le Roy en son conseil.

FORGET, *signé*.

Scellées lesdites lettres de cire jaune à double queue. Les dites lettres ont été enregistrées suivant l'arrest sur ce donné le douzième de septembre 1601.

LISTE DES PAROISSES PROTESTANTES DES CÉVENNES, EN GÉVAUDAN.

(Archives départementales de la Lozère, Série G. 1001).

(INÉDIT)

Florac, Vebron, Prunet, St-Laurent-de-Trèves, Gabriac, St-Martin-de-Lansuscle, Barre, Cassagnas, St-Julien-d'Arpaon, Pompidou, Ste-Croix, Notre-

Dame-de-Valfrancesque (1), Le Bousquet, Molezon, Balmes, Fraissinet-de-Lozère, Frutgères, St-Frézal, St-Andéol, St-Julien-des-Points, La Melouse, St-Hilaire, St-André-de-Lancize, Les Bondons, St-Martin-de-Boubeaux, St-Germain-de-Calberte, Collet-de-Dèze, Grizac, Bédouès, Cocurès, St-Privat-de-Vallongue.

(1) Plus connu sous le nom de St-Etienne-Vallée-Française.

TABLE
ONOMASTIQUE & GÉOGRAPHIQUE

A

Albaret Sainte-Marie (1), p. 190.
Albaric (Paul), juge de Mende, pp. 18, 21, 25, 31, 35, 36, 37, 38, 101, 111, 175.
Allenc, p. 58.
Alpiés (le sieur des), noble Claude de Sabran, bailli du Gévaudan, p. 91.
Amboise, p. 146.
Aoustet, juge de Langeac (H^{te}-Loire), p. 138.
Apchier (Philibert comte d'), sénéchal ligueur du Gévaudan pp. 111, 153, 182, 187, 189, 192.
Arcomie, p. 190.
Armagnac (Le cardinal d'), pp. 1, 2.
Aoust (Guillaume), consul du Malzieu, p. 187.
Auroux, pp. 58, 190.
Auvergne, pp. 48, 108, 142, 144, 145, 146, 147, 170, 171, 172, 188.

B

Bacon (Le), p. 190.
Badaroux, pp. 19, 20.
Bagnols, p. 114.

---

(1) Les noms en italique sont des noms géographiques.

BALDIT (André), lieutenant du pr'vt* des maréchaux, p. 61.
Balmes (Les), près Barre, pp. 65, 249.
BARRAU, syndic des Réformés du Gévaudan, p. 106.
BARRE (M. de), p. 183.
Barre, pp. 65, 249.
BARTHÉLEMY DE ROQUOLLES, 1" consul de Mende, p. 62.
BASTIT (Jean), commis du greffe de la Cour commune du Bailliage de Gévaudan, pp. 61, 62, 175.
Beaucaire (Sénéchaussée de). Voir, plus loin, Nimes.
Bédouès, pp. 65, 249.
Bellegarde-Randon, p. 66.
Belcezet, p. 58.
BERNARD D'ANGLES, syndic du pays de Gévaudan, pp. 72, 74, 85, 173.
BERNIER (Pierre), official de l'évêque de Mende, p. 83.
BENISTANT (Le sieur de), p. 186.
BESSENC (Gilbert), substitut du syndic du pays de Gévaudan, p. 62.
Besseyre (La), p. 190.
Béziers, p. 139.
Blavignac, p. 190.
Blois (Etats-Généraux), pp. 117, 118, 119, 121, 138, 141, 142, 145, 146, 157, 164.
Bondons (Les), p. 249.
Bourges (Archevêché de), pp. 80, 143, 144.
BOUCHER, conseiller du Roi, maitre des requêtes, p. 72.
Bousquet (Le), pp. 205, 249.
BOYSDUMONT (Sieur de), procureur du baron de Cénaret, p. 187.
BRÉS, bayle du Chapitre de l'église cathédrale de Mende, p. 175.
BRESSOLLES (M. de), substitut du commis des nobles du pays de Gévaudan, p. 62.
Brion, p. 57.
Bretagne (Parlement de), pp. 143, 145.
BROLHET, procureur de Serverette, p. 111.
BRUEL (Jacques du), sieur de Costeregard, p. 119.
BRUGEYRON (Jean), vicaire général de l'évêque Adam de Heurtelou, pp. 26, 31, 35, 36, 37, 44, 61, 62, 76, 93, 175, 181.

BRUGEYRON, greffier de la Cour commune du Bailliage de Gévaudan, pp. 62, 243.

C

CHAUDON (Jean), conseiller du Roi au Conseil d'Etat, p. 74.
CANILHAC (Le marquis de), baron du tour de Gévaudan, gouverneur ligueur de Riom, p. 155.
Basse-Canourgue, p. 65.
Cassagnas, pp. 65, 249.
Castelnaudary (Sénéchaussée de), p. 46.
CÉNARET (Baron de), p. 187.
Cévennes (Les), pp. 4, 94, 106, 107, 109, 113, 116, 152, 154, 159, 178, 184, 188, 249.
Chambon (Le), p. 190.
Chambon de-Dèze, p. 65.
Chanac pp. 19, 39, 68, 103, 108, 110, 128, 132, 182, 184.
Chanaleilles, p. 189.
CHANOLHET (Robert de), syndic du pays de Gévaudan, pp. 62, 70, 89, 92, 138, 175.
CHARLES IX, pp. 42, 46.
Chastanier, p. 58.
Châteauneuf, p. 58.
Chauchailles, p. 40.
Chaulhac, p. 190.
Chaylard-Danse, p. 189.
CHAZES (Le sieur de), député des Cévennes, p. 94.
CHEMINADES (M. de), p. 175.
CHÉNERAC, notaire de Caux, (arrondissement de Béziers), p. 139.
Cheylard-l'Ecêque, p. 39.
CHEVALIER (Louis), receveur des tailles du Gévaudan, p. 62.
CHEVALIER (Hély), marchand de Mende, p. 119.
Chirac, pp. 64, 95, 96, 97, 98, 128, 132, 133, 160.
Clauzes-Grèzes, p. 189.
Clerguemort, p. 65.
Clermont en Auvergne, pp. 142, 156, 170, 172.
Cocurès, pp. 65, 249.
COLAS (Le sieur de), consul de Florac, p. 183.

Collet-de-Dèze (Le), p. 249.
COMITIS (Jean), de Ste-Enimie, p. 19.
COSTEREGARD (Le sieur de), p. 19.
COSTE (Léonard), député des Cévennes, p. 183.
Crémieu (Edit de), pp. 33, 34, 35, 37, 38, 41, 128, 132, 229.
CROIX (Le sieur de la), capitaine de la compagnie de Florac, p. 109.
Croisance, p. 190.
CROS (Guillaume du), viguier de Portes, député des Cévennes, p. 183.
Cubelles, 189.

D

DAMVILLE (Voir Montmorency).
DECASALMARTIN, député du Tiers-Etat du pays de Gévaudan aux Etats Généraux de Blois (1588), pp. 138, 149, 151, 164, 165, 171.
DEROQUOLES, consul de Mende, p. 175.
DIENNE (François de), bailli royal de la H^{te}-Auvergne, p. 192.
DIDIER (Claude), geôlier du prévôt de la ville de Mende, p. 61.
DUMAS (Jean), juge au Bailliage de Gévaudan, pp. 34, 36, 37, 70, 89, 92, 175.
DURAND (Jean), procureur de la viguerie de Portes, p. 183.

E

Entrenas, p. 97.

F

FALGUIÈRES (Jean), consul de Saugues, p. 187.
FABRY (Jean), député de Marvejols, p. 181.
FALSON, (serviteur de chambre de M. de Mende), p. 140.
Fau (Village du), p. 58.
FAU (Le sieur du), capitaine, p. 49.
Fontans, p. 190.
Forez (Le pays de), p. 69.
FAULCON (seigneur du Rey), premier président au Parlement de Bretagne, p. 143.
Fleix (La paix de), p. 8.

Florac, pp. 51, 55, 65, 69, 77, 102, 106. 109, 183, 249.
Fraissinet de-Lozère, p. 249.
FRANÇOIS Ier, p. 46.
Frutgères, pp. 65, 249.

G

Gabriac, p. 249.
GABRIAC (Jean de), p. 183.
GIBRAT, capitaine de la garnison de Mende, p. 63, 175.
Gapfrançais (Commanderie de), p. 141.
Gorce (Baronnie de la), en Vivarais, p. 153.
Grandrieu, pp. 40, 132, 190.
GRILLON (Le chevalier de), commandeur de Gapfrançais, p. 141.
GRIMAULD (Le capitaine), p. 182.
Grisac-Fressinet, pp. 65, 249.
GUAY (Frère François), religieux du prieuré de Chirac, p. 97.
GUÉDON (huissier ordinaire du Roi en son grand Conseil), p. 71.
GUILLAUME II DURANT, évêque de Mende, signataire du Paréage (1307), pp. 15, 18, 25, 135, 225, 242, 244.

H

HENRI II, p. 46.
HENRI III, pp. 3, 10, 13, 37, 71, 150, 171, 176.
HENRI IV, pp. 179, 181, 184, 190, 211.
HEURTELOU (Adam de), évêque-comte de Gévaudan, pp. 51, 55, 71, 72, 74, 75, 76, 81, 84, 85, 101, 111, 175, 176, 179, 181, 190.

I

Ispagnac, p. 77.
Issoire, p. 146.

J

JAUSSAUD, conseiller du Roi au présidial de Nimes, pp. 238, 241, 242, 245.
JUDICIS, syndic, p. 99.
JOURDAIN (Michel), député des habitants de Marvejols, réfugiés à Florac, p. 107.

Joyeuse (Maréchal de), lieutenant-général de Montmorency-Damville, et gouverneur ligueur de Languedoc, pp. 53, 94, 107, 108, 181, 188.

Joyeuse (Amiral duc de), fils du maréchal, pp. 50, 62, 122, 126, 155, 170, 172.

Julianges, p. 190.

L

Langlade (Jacques), 1er consul de Saugues, p. 187.

Langlade (Jacques), fils du précédent, député aux Etats ligueurs du pays de Gévaudan, p. 187.

Langogne, pp. 101, 117.

Languedoc, pp. 8, 10, 20, 22, 28, 87, 148, 151, 158, 165, 169, 177, 181, 183, 184, 188, 190, 233.

Lastic (Sieur de), capitaine, p. 162.

Lavaur (Etats ligueurs de), p. 181.

Leroy (Jérôme), (notaire et secrétaire du Roi), pp. 75, 76.

Lestain (Claude de), (receveur de la reprise de la terre épiscopale en Gévaudan), pp. 66, 67.

Leynadier, chanoine de l'église cathédrale de Mende, député du clergé de Gévaudan aux Etats Généraux de Blois (1588), pp. 140, 141, 143, 145, 147.

Leynadier (Guillaume), habitant de Mende, p. 22.

Luc (M. Vincent de), conseiller au Parlement de Toulouse, pp. 25, 26, 29.

Lyon, p. 69.

Lyonnais (Le), p. 68.

Loire (La), p. 146.

M

Malzieu (Le), pp. 58, 69, 83, 84, 107, 122, 129, 154, 155, 170, 172, 174, 186, 187, 190.

Marcel (M.), surintendant du Vivarais, pp. 146, 147.

Marchastel, p. 105.

Marechal (Jacques), avocat de Mre Bernard d'Angles, syndic du clergé de Gévaudan, pp. 72, 74, 75, 76.

Maringues, arrondissement de Thiers (Puy-de-Dôme), pp. 140, 141.

Marle (M. de), maître des requêtes de l'hôtel du Roi, pp. 146, 147.

Martin (Me Antoine), représentant le marquis de Canillac aux Etats ligueurs du Gévaudan, p. 187.

Martin (Me Vidal), juge-mage en la Sénéchaussée de Gévaudan, pp. 14, 15, 16, 18, 26, 27, 28, 29, 31, 33, 36, 37, 39, 41, 42, 43, 44, 172, 175, 185, 187, 188.

Marcejols, pp. 4, 7, 48, 64, 71, 83, 86, 87, 93, 94, 97, 102, 103, 104, 106, 107, 108, 110, 113, 114, 122, 126, 128, 129, 132, 133, 154, 155, 170, 172, 184, 190, 226, 233, 234.

Maubert (Pierre), chanoine, de l'église cathédrale, député du clergé de Gévaudan aux Etats-Généraux de Blois (1588), pp. 101, 111, 123, 140, 141, 143, 145, 151, 164, 165.

Maubert (Gabriel), frère du précédent, p. 141.

Mauras, bayle du clergé, p. 175.

Maysse (M. de), conseiller au Conseil d'Etat, pp. 142, 143.

Maugier (Me Zacharie), avocat des officiers du bailliage de Gévaudan, pp. 75, 76.

Melouze (La), pp. 65, 219.

Mercoeur (Le baron de), gouverneur de Bretagne, p. 186.

Mercœur (Baronnie de), p. 129.

Merle (Le capitaine), p. 153, 168.

Meyronne, p. 189.

Michel (David), sieur de Colas, consul de Florac, p. 183.

Molezon, p. 219.

Monastier (Le), p. 95, 96.

Monistrol, p. 189.

Montauban (L'assemblée réformée de), p. 16.

Montauroux, p. 190.

Montbrun (Le sieur de), p. 78.

Montmorency-Damville, (Henri II duc de), gouverneur du Languedoc, pp. 76, 79, 103, 105, 107, 108, 109, 111, 112, 114, 177, 178, 180, 182, 183, 184, 188.

Montpellier (Cour des aides de), pp. 9, 93, 118.

Montvaillant, pp. 65, 219.

Moré (Sire Etienne), consul de Serverette, p. 187.

N

Nantes (Château de), p. 115.
Narbonne (Les trésoriers de France établis à), p. 161.
Nemours (Le duc de), p. 185.
Nérac (Conférences de), p. 8.
Nîmes (Sénéchaussée de Beaucaire et de), pp. 4, 5, 6, 7, 8, 10, 11, 12 13, 14, 16, 21, 23, 41, 86, 87, 91, 127, 130, 131, 236, 238, 245, 247.
Noir (Pierre Le), commis au greffe de la Sénéchaussée de Gévaudan, pp. 72, 75, 85, 88, 139, 148.
Notre-Dame-de-Valfrancesque, p. 219.
Orléans (États généraux de 1560), p. 1.
Orléans, p. 111.
Outète-Sobeyrol, p. 190.

P

Pagès (Consul de Langogne), pp. 101, 111.
Paradis (Mᵉ Jean), avocat de Mᵉ Vital Martin, juge-mage en la Sénéchaussée de Gévaudan, p. 72.
Parat (Pierre), commis du receveur des tailles du diocèse de Mende, pp. 59, 60, 61, 67.
Peyre (Baron et baronnie de), pp. 59, 83, 105, 110, 122, 126, 154, 155, 170, 172.
Philippe le Bel, pp. 15, 18, 25, 85, 88, 99, 135.
Plan (Gaspard du), receveur, p. 62.
Pompidou, p. 219.
Pont-St-Esprit (Le grenier à sel du), p. 9.
Portes (Viguier de), p. 183.
Pouget (Jean), consul de St-Chély, p. 187.
Pouderoux, notaire, p. 99.
Prinsuejols (Le sieur de), secrétaire de Renaud de Beaune, archevêque de Bourges, p. 89.
Privat, huissier, p. 58.
Prunet, p. 219.
Prunières, p. 190.
Puy (Le), pp. 10, 45, 46, 68, 65, 87, 192.

R

Rampan (Etienne), chanoine de Mende, p. 187.

Renaud de Beaune, archevêque de Bourges, métropolitain de l'évêque de Mende, p. 24.

Rey (Le sieur du), premier président au Parlement de Bretagne, p. 145.

Rosses (Le sieur de), p. 139.

Riom, pp. 17, 172.

Rocles, p. 190.

Rolier (Antoine), représentant de M. de Barre aux Etats Réformés du Bas Gévaudan, p. 183.

Rochemaure (M. de), intendant de justice près Montmorency-Damville, pp. 102, 107.

Rodez, pp. 95, 99.

Rouelle (Martin), recteur du collège des Jésuites de Rodez, pp. 96, 99.

Rouergue, pp. 103, 171, 183.

Rouveret (Antoine), représentant du procureur de Barre aux Etats particuliers du Bas-Gévaudan, p. 183.

Rozier (Le), p. 61.

Rousses (Les), p. 65.

Roux (M. de), conseiller au siège présidial de Nîmes, p. 16.

Ruynes, p. 149.

S

Sabatier (M. de), président au Parlement de Toulouse, pp. 70, 71.

Salacas (Le château de), en Vivarais, p. 153.

Salelles, pp. 96, 97.

Saugues, pp. 83, 129, 186, 187.

Saveron, procureur du pays d'Auvergne, pp. 146, 147.

Séras (Le sieur de), député de Marvejols et des Cévennes, p. 91.

Sercerette, pp. 30, 60, 61, 64, 83, 111, 117, 132, 187.

Sévérac, p. 288.

Siméon, curé du Malzieu, lieutenant de l'official de Mende dans le Haut Gévaudan, pp. 83, 84.

Saint Alban (Le sieur de), bailli et gouverneur de Marvejols et commis des nobles, pp. 108, 116.
St-Alban, p. 83.
St Andéol, p. 249.
St-André-de-Lancize, p. 65, 249.
Saint Benoit (Règle de), p. 96, 99.
St-Bonnet, p. 190.
St-Chély-d'Apcher, pp. 140, 186, 187, 190.
St-Chély-du-Tarn, pp. 58, 83.
St-Christophle, p. 190.
Ste-Colombe, p. 190.
Ste Croix, p. 249.
Ste-Enimie, p. 58.
St-Etienne-de-Valfrancesque, pp. 65, 183.
St-Flour, p. 192.
St-Flour-de-Pompidou, p. 65.
St-Frézal-de-Ventalon, pp. 65, 249.
St-Germain-de-Calberte, pp. 65, 249.
St-Hilaire-de-Lacit, pp. 66, 249.
St-Jean-de-Gabriac, p. 65.
St-Jean-la-Fouillouse, p. 190.
St-Julien-d'Arpaon, p. 249.
St-Julien-des-Points, pp. 66, 249.
Saint-Laiger (consul), pp. 101, 111.
St-Laurent-de-Trèce, pp. 65, 249.
St-Léger-du-Malzieu, p. 190.
St-Léger-de-Peyre, p. 65.
St-Martin-de-Boubeaux, p. 249.
St-Martin-de-Lansuscle, p. 79, 249.
St-Martin-de-Cancelade, p. 65.
St-Michel-de-Dèze, p. 66.
St-Pierre-le-Vieux, p. 190.
St-Préjet, p. 189.
St-Privat-du-Fau, p. 190.
St-Privat-de-Vallongue, p. 249.
St-Romon-de-Tusque, p. 65.
St-Sauveur-lès-Chirac, p. 95.
St-Sauveur-de-Peyre, p 65.

St-Symphorien, p. 190.
St-Vénérand, p. 189.
Saint-Vidal (Baron de). Gouverneur et Sénéchal de Gévaudan, pp. 16, 17, 26, 29, 31, 33, 34, 35, 36, 43, 57, 61, 68, 69, 80, 102, 108, 115, 116, 154, 174, 175, 176.

T

Tardif (François), receveur des tailles du diocèse, p. 59.
Thoras-Vazeilles, p. 189.
Tours, pp. 45, 46, 48.
Toulouse (Parlement de), pp. 3, 5, 7, 8, 10, 14, 20, 24, 25, 26, 28, 31, 32, 36, 37, 38, 41, 43, 44, 47, 70, 86, 89, 90, 91, 92, 129, 132, 244, 247, 248.

U

Uzès (Diocèse d'), p. 126.

V

Vebron, pp. 65, 249.
Védrine (Etienne Verny sieur de), consul de St-Chély-d'Apcher, p. 187.
Velay, pp. 68, 69, 108, 115, 116, 171, 188.
Vendôme (Cardinal de), p. 179.
Ventaghoul, p. 190.
Verdezun, p. 190.
Verdun (En Gévaudan), p. 189.
Vereyrolles, p. 189.
Vigier (Pierre), consul du Malzieu, p. 187.
Villar (Le), château épiscopal, pp. 105, 108, 110.
Villefort, p. 69.
Villeneuve, p. 76.
Villeret, p. 189.
Villeroy (M. de), p. 80.
Vincent (Jean), prêtre de Mende, p. 56.
Vivarais, pp. 68, 69, 116.
Virgile (Jean), notaire royal, p. 17.
Viviers (Diocèse de), p. 126.

TABLE DES DOCUMENTS

Lettre du cardinal d'Armagnac à MM. Tenant les Etats du Gévaudan (22 juin 1583) 1
Edit de création de la Sénéchaussée de Mende par Henri III (4 août 1583) 3
Mémoire servant au Sénéschal de Nismes pour empescher l'établissement du Séneschal nouvellement érigé au pays de Gévaudan, résidant en la ville de Mende (1585).... 11
Copie de la lettre adressée au Roi par le Syndic de l'Eglise de Mende au sujet de l'érection récente de la Sénéchaussée (1585) 14
Opposition des Réformés à l'installation du Sénéchal (1585) 16
Minute de cédule appellatoire pour obtenir déclaration du Roi sur « l'entreprise de Juridiction du Juge Mage (demandeur, Monseigneur de Mende) » (12 août 1585).. 18
Minute de Lettres Patentes à obtenir pour Monseigneur de Mende (1585).................... 23
Requêtes de Vidal Martin, juge-mage en la Sénéchaussée de Mende, contre les officiers du Bailliage épiscopal (Août 1585) 33
Extraits d'un « Mémoire sur les privilèges de l'Evêché avec la mention des contraventions de M° Vidal Martin, juge-mage à l'acte de Pariage » (23 novembre 1585)... 39
Avis du Conseil du Parlement de Toulouse sur la requête de M° Vidal Martin, juge-mage (27 novembre 1585)..... 41
Extrait de l'état des obligations faites par les consuls et eschevins de treize villes maytresses du Bas Pays d'Auvernhe pour ceulx de Gévauldan (du 18 juin au 6 juillet 1585).................... 48
Estat des munitions et vivres nécessaires pour la nourri-

ture et entretènement d'une compaignie de 100 hommes de pied pour le siège de Marvejols, et ce pour un mois entier à raison de 30 jours le mois (1586).............. 48

Estat de la solde et appointement ordonnez par Anne de Joyeuse pour chascun mois à la compaignie de cinquante arquebuziers à cheval, dont a la charge le sieur du Fau (1ᵉʳ septembre 1586)................................ 49

Note sur les documents relatifs à l'expédition de Joyeuse en Gévaudan (août et septembre 1586)............... 50

Lettre d'Adam de Heurtelou aux consuls de Florac...... 51

Extrait de l'accord passé entre les syndics et M. Jean Vincent, prêtre (1587)................................ 56

Prix de l'avoine et de la paille en Gévaudan en 1587..... 56

Extrait de l'état des terrains abandonnés ou incultes dans divers lieux du Gévaudan (1586-1591)................ 57

Compte-rendu par M. Parat, commis de M. Tarlif, receveur des tailles du diocèse (fin de 1587)............... 59

Instructions adressées par M. de Saint-Vidal à MM. des Etats du Gévaudan (14 janvier 1587)................. 68

Arrêt du Parlement de Toulouse relatif au procès de la Sénéchaussée (3 mars 1587)........................ 70

Extrait d'une lettre d'Adam de Heurtelou au roi Henri III. Après avoir demandé à Sa Majesté d'user de bienveillance à l'égard des nouveaux convertis de Marvejols, le prélat se déclare ennemi de la Ligue (25 mars 1587)... 71

Inventaire des pièces communiquées à Mᵉ Bernard d'Angles, syndic du diocèse de Mende (24 avril 1587)....... 72

Ordre aux officiers du Bailliage de Gévaudan de déposer dans le procès de la Sénéchaussée (15 mai 1587)...... 74

Lettre de Montmorency-Damville à Adam de Heurtelou (16 juillet 1587).................................. 76

Extrait d'une lettre de Mʳ de Mende à M. de Prinsuéjols, secrétaire de l'archevêque de Bourges, contre M. de Saint-Vidal, gouverneur du Gévaudan (20 août 1587)... 80

Mandement d'Adam de Heurtelou relatif à l'officialité du diocèse de Mende (18 septembre 1587).............. 81

Extrait de l'arrêt donné en Conseil d'Etat, le 17 décembre 1587, pour le règlement des juridictions des Sénéchal de

Mende et Bailly, et tenue des Etats particuliers du diocèse de Mende (17 septembre 1587)................ 85
Extrait de la délibération de MM. les commis, syndic et députés du Haut Gévaudan, relative aux négociations entamées avec le Bas Gévaudan réformé (21 avril 1588). 94
Copie d'articles et enquêtes pour le syndic du collège des Jésuites de Rodez contre le syndic des religieux bénédictins de Chirac au Monastier (10 mai 1588).......... 95
Loyalisme des Gévaudanais (11 juin 1588)............. 100
Monsieur de Roquemaure, intendant de justice près M. de Montmorency-Damville, est délégué en Gévaudan afin d'assurer la pacification du pays (juin 1588) 102
Articles envoyez par les habitans de Mariejols, retirez à Florac à MM. des Estats du Hault Gévaudan (juin 1588)... 102
Response faicte par les gens des Estatz du pays de Gévaudan aux articles de ceux de Maruejols, retirez à Florac (juin 1588) 106
Lettre de Montmorency-Damville à MM. des Etats du Haut-Gévaudan (27 juin 1588).................... 112
Extrait du procès-verbal de l'assemblée des Etats du pays de Gévaudan tenue « en la salle haulte des maisons épiscopalles de la ville de Mende, lieu acoustumé à tenir les Estats dudict pays », en vue de l'élection des représentants du Gévaudan aux Etats-Généraux de Blois (20 septembre 1588)................................ 115
Mémoire des raisons pour obtenir la suppression du Sénéchal (fin de 1588)................................... 119
Mémoire sur l'union des sièges de Bailly et de Sénéchal.. 130
Mémoire des provisions nécessaires à obtenir pour l'observation du Pariaige et continuation des droits d'iceluy (fin de 1588) 135
Estat et compte de la despence faicte par moy, Jacques Decasalmartin, député du Tiers-Estat du pays de Gévauldan et diocèse de Mende, au voyaige des Estatz Généraux de France tenus dernièrement en la ville de Blois, aux moys d'octobre, novembre et décembre en 1588 et janvier 1589................................ 138

Lettre du roi au bailli de la ville de Mende (2 janvier 1589). 119
Première requête des Etats catholiques du Haut Gévaudan présentée au Roi, en son Conseil d'Etat, par P. Maubert, chanoine, député du clergé, et Decasalmartin, député du Tiers (10 février 1589) 151
Deuxième requête des Etats catholiques du Haut Gévaudan, présentée au Roi, en son Conseil d'Etat, par P. Maubert, chanoine, député du clergé, et Decasalmartin, député du Tiers (16 mai 1589). 165
Extrait du « Compte rendu par M⁵ Bernard Dangles, receveur particulier du diocèse de Mende » en 1588....... 173
Extrait des doléances des habitants de la ville de Mende au Roi Henri III, au sujet du baron de Saint-Vidal 174
Extrait des lettres patentes du Roi qui révoque M. de Saint-Vidal (15 juillet 1589).................. 176
Extraits des « articles accordez entre les Seigneurs soubznommés, pour le repos et soulagement du diocèse de Mande et pays de Gévauldan, pour en estre faicte très humblement requeste, remonstrance à M⁶ le duc de Montmorancy, gouverneur et lieutenant général pour Sa Majesté au pays de Languedoc, affin qu'il soit son bon plaisir les agréer et authoriser (1ᵉʳ septembre 1589) 177
Adam de Heurtelou, évêque-comte du Gévaudan, assure Henri IV de sa fidélité et le presse de se convertir au catholicisme (19 septembre 1589)................ 179
Note sur le Gévaudan aux Etats Généraux de Languedoc (27 septembre 1589)..................... .. 181
Extrait du procès-verbal de l'assemblée des Etats du pays de Gévaudan tenue « en la ville de Chanac, dans la salle haulte des hoirs du feu cappitaine Grimauld, lieu choisy et emprunté pour tenir les Etats » (11 novembre 1589).. 182
Extrait des « remontrances que l'assemblée des Etats du Gévaudan adressa au duc de Montmorency, gouverneur et lieutenant général pour le Roy Henri IV en Languedoc » (novembre 1589).................. 184
Etats Ligueurs du pays de Gévaudan tenus à Saint-Chély-d'Apcher (11 novembre 1590)................. 186
Liste des paroisses du Gévaudan occupées par les Li-

gueurs (6 décembre 1593).................................... 189

Lettre de Monseigneur l'évêque de Mende, Adam de Heurtelou, au roi de France Henri IV, sollicitant une exemption de tailles en faveur des habitants de Marvejols, après la démolition de la citadelle et des murs de cette ville (9 août 1594).. 190

Nomination de Montmorency-Fosseuse, gouverneur de Gévaudan (3 septembre 1589)................................ 193

En présence de l'attachement des Gévaudanais royalistes à la cause d'Henri IV, le duc de Nemours, gouverneur ligueur d'Auvergne, renonce à ses projets sur le Gévaudan (fin août et septembre 1591).......................... 196

Note sur le comte d'Apcher, gouverneur ligueur de Gévaudan.. 197

Le duc de Joyeuse approuve les actes du seigneur d'Apcher, chef des Ligueurs du Gévaudan (30 novembre 1591)... 198

Adam de Heurtelou, dans une lettre aux Etats du Gévaudan, témoigne de sa joie au sujet de la conversion d'Henri IV (22 novembre 1593)................................. 201

Liste des principales trêves conclues entre les royalistes et les ligueurs du Gévaudan (1589 à 1594)................ 205

Extrait d'une lettre d'Adam de Heurtelou à M. de Chanollet, syndic du pays de Gévaudan, au sujet de la prolongation de la trêve (3 mars 1594)........................ 206

Note sur les documents relatifs à la soumission des principaux Ligueurs du Gévaudan au Roi Henri IV (1593-1594)... 206

Note sur les documents relatifs à la soumission des principales villes ligueuses au Roi (septembre 1594)....... 208

APPENDICE

Analyse des principaux articles de l'Edit de Crémieu, sur lesquels s'appuient les officiers de la Sénéchaussée de Mende (19 juin 1536).. 211

Extrait de la déclaration « portant que l'Edit de Crémieu ne s'applique pas aux juridictions seigneuriales (21 février 1537)»... 212

« Extrait tiré du cahier des délibérations tenues en l'assemblée des gens des Trois Estats convoqués en assemblée en la présente ville de Mende par mandement de Roi et de Messeigneurs les commissaires par Sa Majesté délégués ou par Messieurs les Trésoriers généraux de France établis en Languedoc, pour imposer les deniers par sa dite Majesté mandés être imposés sur les habitants et contribuables du présent diocèse de Mende ». (Demande d'installation du Sénéchal M. de Saint-Vidal) (8 juillet 1584)... 213

« Moyen d'intervention que mettent les agents du Clergé général de France au procès pendant au Conseil entre Messire Bernard Dangles, syndic de l'église et clergé de Mende, et M⁰ Vidal Martin, juge-mage en la Sénéchaussée nouvellement érigée à Mende » (1586 ou 1587) 216

Note sur Adam de Heurtelou, évêque-comte de Gévaudan (1586-1609)... 224

Mémoire sur les lettres obtenues par le sindic de l'esglize de Mende du Conseil d'Estat (fin de 1587)............... 225

« Extrait de la transaction faite entre la Sénéchaussée de Nismes, M⁰ l'évêque de Mende et les officiers du Bailliage de Gévaudan, portant que les officiers du dit Bailliage jouiront, comme ils avaient fait avant la suppression du Sénéchal de Mende, des cas prévotables et des appellations des ordinaires du Gévaudan » (5 décembre 1597)... 238

Lettres patentes du roi Henri IV qui, après avoir sanctionné la suppression de la Sénéchaussée de Mende, rétablit les officiers du Bailliage de la Cour commune dans leurs anciennes prérogatives (15 octobre 1600).... 244

Liste des paroisses protestantes des Cévennes, en Gévaudan.. 249

ERRATA

Page 1, [G. 914], lire : C. 1810.

Pages 3 et 23 [4 août], lire : mars.

Page 97, note 2 [1588], lire : 1586.

Page 212, [24 février 1536], lire : Compiègne, le 24 février 1587.

Page 216, note 1. [Ce document est antérieur à avril 1585], lire : Jean Dadré, chanoine et pénitencier de Rouen fut en fonctions du 30 avril 1586 au mois de février 1588. (Consulter les *Mémoires du Clergé de France*, tome VIII). Ce document, postérieur à l'arrêt du Parlement de Toulouse du 3 mars 1587 (Voir plus haut, p. 60), est naturellement antérieur à l'arrêt du Conseil d'Etat du 17 décembre 1587, qui y fait allusion. (Voir plus haut, p. 75).

Page 125, note 1, [voir plus haut, p. 116], lire : voir plus loin, p. 284.

Page 221, note 1, [Le Paréage, ibid. p. 370], lire : Le Paréage, DE BURDIN, *Documents historiques sur le Gévaudan*, t. I, p. 370.

Page 223, note 1 [signature illisible], lire : Jean Tissaut, chanoine de St-Sernin de Toulouse. Tissaut avait été nommé par l'assemblée générale du clergé, le 30 avril 1585. Il resta en fonctions jusqu'en février 1588. (Consulter les *Mémoires du Clergé de France*, t. VIII).